Préface

Pierre-Alain de Garrigues, que j'appelle PADG, est un homme que l'on aime écouter. Dans un premier temps, grâce à sa voix, qu'il sait manipuler comme un splendide instrument de musique. Dans un second temps, pour la profondeur de la pensée qu'il aime exprimer.

PADG, c'est l'homme qui est tellement sympathique qu'il en devient magnétique. On est tout suite considéré comme un ami, un frère. Et il le fait sincèrement en plus ! C'est l'homme qui voit l'humain derrière le prénom.

Nous nous sommes rencontrés pour un tournage de vidéo sur YouTube, le courant est bien passé et quelques mois plus tard j'écrivais mon nouveau spectacle. Comme pour la préface d'un livre, j'aime lorsque mes spectacles commencent par une introduction parlée. Une simple voix qui résonne dans le noir épais de la salle. J'ai écrit un texte et – tout en couchant les mots sur le papier – j'entendais malgré moi la voix de PADG dans ma tête.

Je lui ai adressé un message pour savoir s'il accepterait de poser sa voix sur mon texte, comment pourrions-nous nous organiser pour réserver un studio. Il me fallait aussi connaître son tarif pour ce travail et pour avoir les droits d'exploitation me permettant de diffuser sa voix dans mes représentations.

Mon téléphone a sonné.

C'était PADG.

Enjoué, emballé, excité comme à son habitude ! Il n'a pas qu'accepté, il a fait mieux… Le lendemain, j'avais déjà plusieurs versions proposées et un mail qui disait « Si tu veux des modifications, tu me dis, n'hésite pas. Et surtout, merci ! ». Merci… Je trouve que c'est ce qui le caractérise le plus. PADG me rend service, au-delà de toutes espérances, et termine par me remercier. Quant à sa facture… je l'attendrai pour toujours…

Un jour, il m'a parlé de ce livre qu'il écrivait à quatre mains et deux cerveaux… PADG n'est pas un surhomme, ces organes supplémentaires appartiennent au brillant Rafael Lecerf ! Autant j'aime entendre PADG en vidéo nous inspirer, parler du beau, nous pousser à réfléchir. Autant je ne savais pas à quoi m'attendre comme livre sur ces thématiques. Il m'a envoyé leur première version de travail, j'ai ouvert une page au hasard et j'ai lu :

« LA SAGESSE DE L'ARC-EN-CIEL

Que vous faut-il pour exister au beau milieu des nuages ?

Quelques gouttes d'eau dans l'air, et quelqu'un pour vous apercevoir. »

C'est là que je me suis dit « il faut que ce livre existe », parce qu'en un sens il existait déjà !

Si j'aime nourrir l'esprit, PADG et Rafael aiment à nourrir le cœur. Je suis honoré qu'ils m'aient demandé de vous écrire quelques lignes avant de plonger dans ces phrases où chacun trouvera le sens qui lui convient.

Bon voyage.

Fabien Olicard

Introduction

Voici des images. Voici des textes. Ensemble.

Ils forment ce livre vibratoire pour se reconnecter à soi.

Comment ? En parcourant ces pages, vous allez, nous l'espérons, ressentir une harmonie simple, une légère détente dans vos sens et vos pensées. Nous avons choisi ces images et ces mots pour que vous respiriez de la douceur, de la beauté, de la gratitude dans votre moment présent.

Votre mental et votre cœur, votre cerveau droit et votre cerveau gauche, votre féminin et votre masculin vont doucement vibrer sur des fréquences positives, sur des instants pacifiques, pour établir une trêve intérieure, entre vous et vous.

C'est un livre fait d'énergies sereines et de vibrations lumineuses pour vous mettre au diapason de votre âme.

Dans ce livre, l'arbre, l'oiseau, le soleil, la rivière, la baleine, le diamant, la nature tout entière nous parle de nous.

Il s'ouvre n'importe quand et à n'importe quelle page pour vous offrir une parenthèse dans votre journée.

Pour prendre un bol d'air frais et pur.

Pour vous rappeler qui vous êtes. Pour vous rappeler que ça va.

Pour que vous repreniez votre respiration.

Voici des images. Voici des textes. Ensemble.

Apprendre à recevoir suffit.

Vous voilà au début de ce livre et…

Déjà un accord est noué, entre ce livre et vous,
entre la grâce et vous, entre la douceur et vous.

Un accord pour remettre au premier plan la douceur,
pour reléguer plus loin la peur, les pensées insistantes, les calculs.

Un accord de cœur à cœur avec la vie, la vie qui dit
que ça va, qu'elle prend tout à sa charge, que vous pouvez
poser vos sacs et ne plus jamais les reprendre.

Le sac des soucis exige aussitôt d'être remis à dos, de faire sentir
son poids, il énumère les problèmes qu'il contient, exigence par exigence,

Mais vous voilà au début de ce livre et déjà un accord est noué, un accord
pour céder à la paix, pour déposer les armes, et tant pis, et tant mieux,

Et qui sommes-nous pour porter tant de choses qui ne nous
appartiennent peut-être pas, autant les déposer là.

Vous voilà au début de ce livre, et il n'est pas interdit de vous détendre.

Vous voilà au début de ce livre… Commencez-le où vous voulez.

Soyez simples !

L'oiseau chantait l'infini et l'arbre parlait d'éternité. Ensemble, ils disaient…

« Hommes, comme vous vous compliquez
l'existence.

Comme ce qui devrait être simple prend
des tournures alambiquées.

Vous avez de l'eau dans les mains, et au lieu de simplement jouir
de sa fraicheur, vous vous demandez comment la stocker
ou en faire des glaçons.

Prenez simplement la grâce qui vous est faite de vivre en un corps
de matière terrestre, qui palpite, ressent, et fait corps
avec la matière du monde, ce qui vous permet d'expérimenter
la jouissance d'une manière certes encombrante et lourde parfois, mais
si riche d'enseignements, si propice à la transformation,
si pleine de potentiels de joie et de surprises…
Car les émotions que vous vivez naissent
en votre chair, de ce corps à corps avec la vie
qui vous fait ressentir intimement le moindre
mouvement de la nature.

Prenez ce qui vous est donné et cessez
de craindre ou de désirer quoi que ce soit d'autre.
Le soleil sur votre peau, une fleur dans la main,
une pierre sous le pied.

Est-ce compliqué de prendre ce qui s'en vient sans vous soucier de ce qui ne s'en vient pas ? D'éviter de marcher en raisonnant, vous demandant si ça ne serait pas mieux ailleurs ?

C'est un grand mystère que cette cécité se soit ainsi développée jusqu'à devenir la norme, et que ce soit l'évidente légèreté de l'insouciance qui vous semble compliquée et inatteignable.

Le moindre animal de la nature vit sa vie sans interposer sans cesse de la pensée entre le monde et lui.

Ainsi, pour vous aiguiller, regardez simplement ce qui est sous vos yeux, et ignorez toute idée ou fantasme quant à ce que cela pourrait devenir. Vous n'en savez rien, véritablement rien.

Prenez la météo pour ce qu'elle est, et non pour ce que vous voudriez qu'elle devienne.

Acceptez d'ignorer, comme un oiseau sur sa branche.

Ne veuillez plus rien savoir ou piloter ou obtenir, comme un pétale dans le vent.

Contemplez ce qui vous vient et ne le comparez plus.

Simple grain d'une terre brûlante, sentez pousser à travers vous le cèdre.

C'est l'attitude juste et victorieuse. Celle du Roi qui reçoit le monde en partage à l'instant où il cesse de s'en croire maître. »

C'est quoi...

C'est quoi, la beauté d'une méditation ?

Dans ce moment de silence, constatez votre bruit, aimez-le, cet amour est le silence encore plus que le silence.

C'est quoi, la beauté d'un pinceau ?

Caresser pour transmettre.

C'est quoi, la beauté de la neige ?

S'illusionner à merveille.

C'est quoi, la beauté d'une boussole ?

Où aller, au fond, où vous ne seriez pas ?

C'est quoi, la beauté d'une montagne ?

Le ressac du roc, la vague de sol, dans une extrême lenteur.

C'est quoi, la beauté de l'or ?

Uniquement la rareté. De l'or partout vous ennuierait,
vous dégoûterait de l'or.
Si le charbon était de la plus grande rareté,
vous admireriez la pépite de charbon.

L'or ? C'est une petite beauté imparfaite, surfaite. Préférez l'original : vous.

C'est quoi, la beauté d'un enfant ?

De feuille en feuille, de saison en saison, toujours l'enfant paraît,
car la vie se redit oui, encore et encore.

C'est quoi, la beauté d'un récif ?

Il vous semble une menace, mais regardez-le autrement, il constitue un abri.

C'est quoi, la beauté d'un livre ?

Vous arrimer à une page.

C'est quoi, la beauté d'une respiration ?

Il n'y a rien à faire, cela a lieu,

vous vous faites cadeau de vous à vous-même.

Éternelle gratuité.

C'est quoi, la beauté d'un pont ?

D'une rive à l'autre, il se murmure que vous arrivez. Bienvenue, ô Vous.

Âme isolée, te vois-tu là-bas ?
Rejoins-toi vite !
Non, je plaisante, tu es ici.

Si...

Si un éléphant pouvait parler, il nous dirait quoi ?

N'ayez pas peur de faire du bruit en marchant.

Si un loup pouvait parler, il nous dirait quoi ?

Allez courir dans la forêt, elle n'est pas dangereuse pour vous.

Si une baleine pouvait parler, elle nous dirait quoi ?

Venez nager dans l'océan, laissez-le vous porter vers la joie.

Si un océan pouvait parler, il nous dirait quoi ?

Aimez, aimez de toutes vos gouttes.
Sentez-vous les gouttes d'eau de tout votre corps, votre corps d'eau, les sentez-vous aimer ?
Laissez vos gouttes aimer.

Si une vague pouvait parler, elle nous dirait quoi ?

Rugissez déferlez fracassez, ou filez, coulez, balancez et voguez, laissez-vous porter par le vent au milieu de vos sœurs.

Si un arc-en-ciel pouvait parler, il nous dirait quoi ?

Ne dissimulez jamais vos couleurs, aucune ne doit être masquée, car le ciel veut tout vous voir.

Si le Soleil pouvait parler, il nous dirait quoi ?

Il vous remercierait de l'éclairer.

Si un serpent pouvait parler, il nous dirait quoi ?

Il faut se faufiler parfois, venez, je vous apprends,
il y a toujours une petite place par où passer.

Si un aigle pouvait parler, il nous dirait quoi ?

Lissez vos plumes avec soin, ainsi elles vous porteront loin.

Si un lion pouvait parler, il nous dirait quoi ?

Il vous dirait « prenez votre place » et il vous dirait « restez à votre place ».

Comme un prince.

Si un diamant pouvait parler, il nous dirait quoi ?

Polissez vous-même chacune de vos facettes,
personne d'autre ne peut ni ne doit le faire,
et si vous le faites vous, vous brillerez pour votre plus grande joie.

Si un papillon pouvait parler, il nous dirait quoi ?

Il vous apprendrait la joie et l'insouciance,
et de vivre votre vie maintenant, car demain n'existe pas.

Si un arbre pouvait parler, il nous dirait quoi ?

Étendez vos bras, ouvrez les doigts, écarquillez les yeux, dressez vos cheveux sur votre tête,
écartez vos jambes et poussez-les fort dans le sol, respirez, ça y est, vous y êtes, cher petit arbre,
invitez maintenant la lumière à entrer.

Si une coccinelle pouvait parler, elle nous dirait quoi ?

Ouvrez vos ailes et allez voir partout comme c'est beau.

Si une rose pouvait parler, elle nous dirait quoi ?

Recevez votre rouge du ciel, recevez votre jaune du ciel,
recevez votre vert du sol, fabriquez votre tige et vos pétales,
et maintenant allez, promenez-vous en ville.

Si une fleur pouvait parler, elle nous dirait quoi ?

Elle ne vous dirait rien : trop occupée à rire.

Si une abeille pouvait parler, elle nous dirait quoi ?

Vous pouvez vous nourrir partout si vous savez voir la nature :
ce monde est entièrement sucré.

Si nous nous retrouvons face à un fauve, que devons-nous faire ?

Laissez-vous croquer d'abord, vous vous battrez après.
« Mais nous serons mort ! »
Non, vous serez vivant, et en plus, au chaud.

« Pourquoi me dites-vous ça ? »
Pour que vous n'ayez plus peur !

Si une panthère pouvait parler, elle nous dirait quoi ?

À cet instant dans la savane, il n'y a que moi, le sol, l'air et ma proie ; dans un instant, ma proie aura disparu dans mon ventre ; puis je disparaîtrai aussi.
Dans la savane, il n'y aura que le sol et l'air.
Ensuite, je reviendrai, ma proie aussi,
et nous disparaîtrons encore. Et encore, et encore.

Si un tigre pouvait parler, il nous dirait quoi ?

Quand je dresse mes oreilles, j'écoute, et je ne fais que ça.
Quand je pose ma patte au sol, je la pose, et je ne fais que ça.
Quand je regarde ici, puis là, je regarde, et je ne fais que ça.
Et quand je cours, je cours, et je ne fais que ça.

Je suis le tigre, et je ne fais que ça.

Si le vent pouvait parler, il nous dirait quoi ?

Il ne parlerait pas à votre tête mais à chacun des pores de votre peau, et il dirait : rigolez ou moi je vous chatouille.

Si une étoile pouvait parler, elle nous dirait quoi ?

Mais elle vous parle ! Vous l'entendrez dans mille millions d'années.

Si un chien pouvait parler, il nous dirait quoi ?

Mais il vous parle toute la journée !

Si un coquillage pouvait parler, il nous dirait quoi ?

Apprenez à savoir ouvrir ou fermer votre coquille, selon ce que vous voulez laisser entrer ou pas.

Si un fleuve pouvait parler, il nous dirait quoi ?

Descendez tranquillement vers la mer, et quand vous serez arrivé, débrouillez-vous pour revenir.
Après, vous recommencez. Ensuite, encore. Et enfin, toujours.

Si l'eau pouvait parler, elle nous dirait quoi ?

Faites le tour des rochers comme la rivière, aucune difficulté ne vous empêchera de passer.

Si mes mains pouvaient parler, elles nous diraient quoi ?

Elles vous apprendraient à ne pas les crisper, à les détendre, pour caresser votre propre peau quand vous avez des blessures.

Ce que l'étang dit à ce monde ?
« Détendez-vous plutôt. »

Ce que le hibou dit à ce monde ?
« Regardez à l'intérieur. »

Ce que le vent dit à ce monde ?
« Je repasserai sur vos traces, et ferai surgir votre silhouette, bien après. »

Ce que la neige dit à ce monde ?
« J'apparais quand tout disparaît. »

Ce que la lumière dit à ce monde ?
« Percevez-moi toujours, sous la surface des choses. »

Ce que le tigre dit à ce monde ?
« Je ne suis que le zèbre, déguisé en tigre. »

Si j'étais...

Si j'étais le plus grand musicien du monde...

Je recevrais la musique directement
de la rivière, des feuillages et des oiseaux.

Si j'étais le meilleur surfeur du monde...

Je surferais sur ma joie.

Si j'étais une horloge magique...

Je détricoterais le temps.

Si j'étais le génie d'Aladin...

Je surgirais moi-même de ma bouteille.

Si j'étais un homme au lieu d'une femme...

Je passerais par la porte de mon féminin plutôt que par la porte
de mon masculin pour accéder à ma fertilité et à mon pouvoir.

Si j'étais une femme au lieu d'un homme...

Je passerais par la porte de mon masculin plutôt que par la porte
de mon féminin pour accéder à mon pouvoir et à ma fertilité.

Si j'étais le plus grand professeur du monde...

Je descendrais de l'estrade sur laquelle on me mettrait.

Si j'étais le plus grand des voleurs...

Je volerais ma poche gauche pour tout mettre dans la droite.

Si j'étais le plus grand guérisseur du monde...

J'aiderais les gens à se guérir eux-mêmes.

Si j'étais ma maman...

Je ne changerais rien.

Si j'étais mon papa...

Je ne changerais rien.

Si j'étais l'animal le plus rapide du monde...

Je ne saurais rien de cela, je vivrais simplement ma vie, comme un papillon ou une tortue. On est toujours tel que l'on est.

Si j'étais la personne la plus connue au monde...

Je tâcherais de l'oublier.

Si j'étais Dieu...

Je prendrais cette forme, celle-ci, celle-là aussi...

Qu'allez-vous prendre de...

La sagesse de l'éléphant ?

Vous êtes ces défenses pacifiques. Vous êtes ces oreilles infinies dans la savane. Paisible. Paisible et travailleur. Paisible et beau. Paisible et fort. Inamovible.

Vos pas s'inscrivent dans le sol, et c'est de la douceur. Vous êtes l'éléphant, simplement vous êtes.

L'altesse des éléphants n'est pas seulement la leur, elle est aussi la vôtre. Prenez votre place majestueuse dans le concert de la savane. Vous êtes cette masse de chair, légère.

Gris ? Mais votre gris est pleine couleur dans la poussière du monde.

La sagesse de l'arc-en-ciel ?

Que vous faut-il pour exister au beau milieu des nuages ?

Quelques gouttes d'eau dans l'air, et quelqu'un pour vous apercevoir.

La sagesse du serpent ?

Laissez votre peau de peur. Inventez-en une autre. Vous ne pouvez mourir.

La sagesse du papillon ?

Volez de douceur. Voilez la pesanteur. Occupez cet espace qui est à vous, soyez le printemps tout à coup.

De fleur en fleur, d'arbre en ailleurs, vous êtes la vie légère, la vie suave, la vie prometteuse, étincelante et claire.

Vous êtes le papillon, ne doutez pas, volez.

La sagesse du vent ?

Imaginez, vous êtes le vent.

Vous parcourez tant de distance et cela
n'est rien pour vous, vous êtes le vent.

Vous caressez tant d'existences, vous êtes le vent.

Vous montez haut dans le ciel puis descendez au sol vous charger
de poussière ou d'eau, tout cela n'est qu'un jeu pour vous, qui êtes le vent.

Vous dévastez bien des récoltes et portez le pollen
à la fleur d'un même mouvement.

Vous aimez la cime blanche de neige comme le désert sans mouvement.

Vous tournez autour du monde, vous pénétrez des cavernes,
vous parcourez des villes, des avenues, places et terrasses, forêts et savanes.

Jouez, passez.

Vous êtes le vent.

La sagesse du vent ?

Un unique baiser au monde.

La parole du vent ?

« Sachez-le ce que vous savez, sachez-le. Sinon moi, je vous le dirai. »

Et si l'Univers était…

Un metteur en scène, il dirait…

Un peu plus de lumière !

Et pour qu'on la voie, un peu plus d'ombre.

Un sculpteur, il dirait…

Oui à toutes les formes. Je ne me lasse jamais de sculpter.

Un balayeur de rue, il dirait…

Déplacer la poussière ? Pourquoi pas.

Un écrivain, il dirait…

Oui à toutes les histoires. Je ne me lasse jamais d'écrire.

Un instituteur, il dirait…

Recevez, puis donnez, puis recevez.

Un professeur, il dirait…

Vous êtes une pépite ! Un professOR je suis.

Un médecin, il dirait

Oups, vous êtes mort. Je vais vous ressusciter.

Un arbre de vie, il dirait…

… et je pleure de beaux fruits.

Un horloger, il dirait...

Ce qui compte est de perdre le compte.

Un tailleur de pierre, il dirait...

Plus petit ou plus grand, c'est vous la belle pyramide.

Un charpentier, il dirait...

Bâtissez, mais de toute façon, ça finira par terre.

Un boulanger, il dirait...

Il vaut mieux se manger chaud que d'attendre de refroidir.

Un cuisinier, il dirait...

Les façons de faire le bien sont innombrables.

Un jardinier, il dirait...

La vie grandit mieux si vous savez tailler.

Un comédien, il dirait...

Vous ne pouvez pas ne pas l'être.

Un alchimiste, il dirait...

Dire oui est le secret.

Un entraîneur, il dirait...

Tu as peur, je vais te redonner foi.

Un arbre de vie, il dirait...

Vous en êtes un aussi.

Nous viendrons par tous les chemins,

Nous surgirons des miroirs,

Et nous dirons enfin, oui.

J'ai marché près de la montagne

Alors qu'il marche dans la nature, cherchant de la hauteur en lui, l'homme lève les yeux.

Il entend alors la voix de la montagne.

Il l'entend, puis il l'écoute :

> *« Ah, petit frère, vous voilà.*
> *D'habitude, vous passez, vous m'admirez, mais vous ne me voyez pas vraiment.*
> *Venez, montez, montez.*
> *Savez-vous ce que c'est que monter ?*
>
> *Partez du bas de votre colonne vertébrale, où vous serez arrivé après avoir jailli du sol.*
> *Puis montez un à un vos étages, vos sentiers.*
> *Vous voyez comme la maison est vaste ? Comme l'horizon est une promesse ?*
>
> *Votre sexe bavard, laissez-le parler et avancez.*
> *Au ventre, libérez tout ce qu'il y a, décramponnez-vous.*
> *Arrivé au plexus, laissez jaillir un cri.*
> *Et passant près du cœur, écoutez que vous aimez.*
> *Au cou, laissez tomber vos mots.*
> *Aux yeux, reconnaissez que voir, c'est recevoir.*

*Traversez enfin ce crâne et retrouvez foi en vous,
cette foi en vous qui est aussi foi en moi.*

Vous aviez juste oublié d'être une montagne. »

J'ai marché près de la rivière

« Et toi, mon amie la rivière, que dis-tu ? »

« Vous savez, je suis contente que vous me parliez.
Je vois que vous me regardez, que vous m'écoutez, que vous me sentez, et que vous aussi, à nouveau, vous vous écoulez.

Vous êtes resté là si longtemps immobile et prostré que j'ai eu peur de vous perdre.

Qu'aviez-vous ?

Aviez-vous oublié que vous ne perdez jamais rien en vous écoulant ?

Que vous pouvez entièrement vous relâcher, ne plus tenir quoi que ce soit entre vos mains, laisser aller, et que vous êtes toujours là, intact, intègrez et sauf ?

Que vous ne pouvez rien contrôler, maîtriser, cadrer, car regardez, tôt ou tard, quelque barrage que vous érigiez, ça finit par céder.

La vie, c'est de l'eau qui s'écoule,
laissez-la filer entre vos doigts. »

J'ai marché près du grand arbre

« Et toi, mon ami l'arbre, que dis-tu ? »

« Je vous aime je vous aime je vous aime. Nous sommes les mêmes.
Vous vous en souvenez maintenant ?

Ma sève votre sang. Mes branches vos bras. Mes racines vos pieds.
Mes fruits vos enfants. Mes nids votre chambre d'ami.
Mon air aussi votre air. Mon soleil votre soleil. Mes oiseaux vos oiseaux.
Mon arbre aussi votre arbre.

Je suis assujetti à cet endroit et vous, assujetti à vous. »

« Vous, les arbres, n'avez jamais envie de vous échapper ? »

« Nous vivons ici nos vies entières, mais nous les améliorons sans cesse.
Grandir.
C'est la seule chose que l'on puisse faire. »

J'ai marché près de l'oiseau

« Et toi, mon ami l'oiseau, que dis-tu ? »

*« Rien, compère, rien, je chante.
Vous vous pensez et vous parlez, moi je chante.*

Vous croyez qu'en chantant je parle, je fais, je m'active, mais je chante.

Mon chant est comme l'eau de la rivière, il coule sans fonction.

Vous croyez que je vole pour aller quelque part. Vous croyez que j'ai des besoins. Vous croyez que le chat ou l'hiver me menacent. Pourquoi compliquer ?

*Je chante, tout simplement je chante.
Je ne décide pas de chanter. Je ne chante même pas, simplement je chante.*

N'aimeriez-vous pas chanter ? »

*Lorsque chaque chose se reflète en une autre,
et que tout coïncide en un instant précieux,
se révèle la réalité sous-jacente du monde,
sa vérité : l'unité.*

Pensées pour vous (à emporter)…

Imaginez la plus belle chose pour vous maintenant. Ce serait par exemple…

L'eau offerte à votre peau sous la douche.
Cinq minutes de la plus belle chose.

Avant de partir, un mot à votre amour par la grâce d'un petit crayon.
Une minute de la plus belle chose.

La pluie autour de vous qui dit à votre monde : « Voyez comme mon chant sait faire pousser les choses. »
Un jour entier de la plus belle chose.

Vous êtes en train de lire cette page et…

Le goût des mots est comme celui du café que vous portez à vos lèvres, parfois amer, toujours aimé.

Le nuage, au-delà de la fenêtre, vous fait partager sa lenteur.

Au loin, des cris d'enfants vous soufflent :
« C'est l'heure éternelle de la récréation. »

C'est quoi, au fond, ce livre ?

Ce livre est comme une théière prête à servir, elle attendra posée sur la table que vous vous saisissiez d'elle, pour vous offrir un breuvage chaud, puis retournera à son immobilité.

Ce livre est comme un grenier plein des souvenirs de ceux qui vous ont précédé, de découvertes toujours possibles,

lorsqu'un dimanche, ayant enfin le temps, vous monterez
sans trop savoir pourquoi et tomberez sur un objet qui vous fera voyager.

Ce livre peut vous servir de parapluie, s'il pleut soudain
et que vous n'avez que ça comme abri, ou il décorera
votre table, entre un bouquet de fleurs et une boîte de chocolats.

Ce livre est comme un nouveau meuble que vous placez dans un coin
de la chambre, et votre quotidien s'en trouve imperceptiblement changé.

Ce livre est comme les chaussures que vous allez mettre aujourd'hui, une
possibilité parmi d'autres, simplement disponible, toujours à votre pointure.

Pourquoi esquisser ce sourire, là, maintenant ?

Parce que vous avez laissé ouverte une fenêtre de votre maison, par laquelle
entre un peu d'air frais, un oxygène qui ne fera jamais défaut, merci.

Parce que votre fauteuil préféré sera toujours là pour vous accueillir,
il ne dira ni ne pensera rien de vous, il vous dira toujours oui, merci.

Parce que ce matin-là, assis au bord du lit, vous sentirez
que vous pouvez demeurer quelques minutes avant de vous lever.
Vous habitez l'intervalle, vous n'exigez rien de vous, merci.

Aujourd'hui, je me regarde dans la glace et je me dis...

Qu'il y a une clé cachée sur mon visage,
qui ouvre une porte cachée dans mon cœur,

et qu'elle n'est pas si cachée que ça.

Admirez ce que fait chaque jour pour vous le ciel,

Respectez ce que fait aussi de vous l'hiver,

Aimez résolument chaque pièce que vous jouez,

Et elle vous portera à votre propre sommet.

Puissiez-vous rallier votre propre rive,

Puissiez-vous défier votre propre regard,

Puissiez-vous vous contempler depuis votre propre cime.

La paix

L'oiseau chantait l'infini, il disait…

« Je voudrais vous apprendre à ne pas trop vous soucier des petites péripéties de l'existence.

À demeurer léger dans l'air, réconcilié avec la pluie et le vent.

Certes, de petits événements entraînent de petites complications, dévient le cours des choses prévues, retardent, déplacent, bousculent, et ont des conséquences dont vous devez vous occuper.

Vous occuper des conséquences d'une petite blessure, d'une difficulté administrative, d'un problème mécanique à votre voiture ou votre maison, et ainsi de suite, vous semble éventuellement lourd, ennuyeux et inutile. D'où vient ce sentiment ? En quoi s'occuper d'une réparation plutôt que d'autre chose est-il plus ennuyeux ?

En réalité, du point de vue de votre âme, tous les événements contribuent à votre vie, c'est-à-dire que rien n'est gratuit au sens où tout conduit quelque part, tout permet quelque chose.

Ce que cela permet est généralement une transformation intérieure.

Si vous y regardez de plus près, une jambe dans le plâtre ou une voiture inutilisable est quelque chose qui vous guide à vous améliorer. De toute infortune, vous pouvez toujours déduire une manière de grandir, comme un enfant accepte de tomber de vélo parce que c'est ainsi qu'il apprend.

Bien souvent, les humains prennent des engagements envers eux-mêmes et ne les tiennent pas, et des contraintes extérieures peuvent les aider à rester dans leur propre trajectoire.

Entraînez-vous à savoir demander ou refuser, à exprimer les choses, à clarifier vos intentions, à choisir, à renoncer…
Et sur ces chemins parfois difficiles, le fait de récolter de bons ou de mauvais résultats vous force à garder ou reprendre le cap de votre transformation intérieure.

Mais vous accueillez négativement ces contraintes de devoir faire quelque chose que vous jugez désagréable et dont vous pensez que vous n'auriez pas eu à vous occuper sinon.

Rappeler telle personne malgré l'angoisse, refaire établir un devis, demander l'argent qui vous est dû, refuser une invitation, oser donner votre avis, ou à l'inverse réussir à ne pas le donner, cesser vos remarques narquoises aux autres ou à vous-même, ne pas laisser traîner une tâche importante et qui vous incombe, ou accepter de ne pas tout bien faire, les exemples sont infinis, vous font râler à l'infini, alors que ce sont vos plus fidèles enseignants.

De cette hiérarchie des choses à faire en fonction d'un plus ou moins grand degré d'agrément ou désagrément, je vous propose de reprendre plutôt place en vous-même et de voir que, quoi que vous fassiez, vous êtes en contact avec vous, en vous.

Aucun événement extérieur ne change véritablement quelque chose puisque vous êtes durablement établi sur votre trône intérieur, ce qui est votre seule véritable sécurité, et qui ne peut venir à manquer.

Mais vous cherchez toujours à progresser extérieurement, à aller quelque part, et vous considérez donc être retardé ou accéléré vers votre but fictif.

L'acceptation est ce qui vous permet de recevoir tous les événements de la vie sans les craindre ni les évaluer négativement.

Pouvez-vous accepter d'être ennuyé par une mouche, un moustique ?

Cela est un bon indicateur de votre degré d'acceptation face à la vie, ou bien du caractère encore rebelle de votre attitude.

La vie se déroule telle qu'elle se déroule, et vous ne pouvez apporter de véritables aménagements qu'en vous-même,
apporter des aménagements à l'extérieur est une course sans fin.

En apportant les aménagements à l'intérieur – ce qui est conquérir une capacité d'acceptation, de sourire inconditionnel –,
vous cheminez vers une paix véritable.

Une véritable acceptation en profondeur, une acceptation qui se vérifie lors de ces petits mouvements de la vie – de ces petits soucis diriez-vous, mais qui n'en sont pas, seule l'interprétation que vous en faites est soucieuse –, cette acceptation est la caractéristique des sages et nécessite un engagement sincère et progressif. Un peu comme un jeune chien qui aboie à tout va devient progressivement un noble gardien attentif et silencieux, votre caractère devient moins réactif, plus profond.

Que faire ?

Ne pas vous mentir sur vos sentiments, agacements et colères : ne pas les ignorer ni les dissimuler.

Choisir de les sentir, ne pas les refouler.

Et choisir d'y renoncer, en adoptant sur la situation un point de vue plus élevé. En trouvant en vous-même pour vous-même un regard qui vous apaise, une parole de sagesse.

Ce n'est qu'en utilisant ces péripéties pour accepter, renoncer, que vous leur donnez sens, le sens d'un bâton qui vous aide à cheminer vers vous-même.

La souffrance liée à ces événements ne vient que de votre résistance, elle n'est en rien liée aux événements eux-mêmes. Sortez la main du feu.

Acceptez, ne comparez pas ce qui est à ce qui aurait pu être, et vous aurez développé en vous la paix, la stabilité, l'indépendance totale, une qualité qui se rencontre encore rarement chez un humain, mais qui est un chant absolument délectable à nos cœurs d'oiseaux. »

D'une simple glissade,
Dans à peine un instant,
Dire oui.

C'est quoi...

C'est quoi, un ami ?

Vous-même côte à côte.

C'est quoi, être un ami ?

Demeurer là, constant.

C'est quoi, avoir un ami ?

Heureusement, vous qui vous ignorez, vous croyez en l'autre.

C'est quoi, pardonner ?

Aller de-ci de-là, hésiter de chemin, puis rebrousser
et revenir au point de départ, soulagé.
C'est quoi pardonner ? Revenir à soi-même.

C'est quoi, aimer ?

À partir de soi-même.

C'est quoi, être parent ?

Comme être enfant, mais après.

C'est quoi, être heureux ?

Ne plus se poser la question.

C'est quoi, être un artiste ?

Avoir foi en quelque chose que vous cherchez à découvrir pour le montrer.

C'est quoi, l'amour pour l'autre ?

Un doigt parmi vos doigts qui n'est pas le vôtre.
Un doigt parmi ses doigts qui n'est pas le sien.

C'est quoi, Dieu ?

Regardez dans le miroir.

C'est quoi, le sexe ?

Une fin de Oui-recevoir.

C'est quoi, la plus belle chose du monde ?

Oserez-vous dire « Je » ?

C'est quoi, le passé, c'est quoi, le futur ?

Deux fois maintenant.

C'est quoi, le mal ?

La même route dans l'autre sens.

C'est quoi, méditer ?

Écouter en silence le silence.

C'est quoi, la mort ?

Une hypothèse maladroite.

C'est quoi, la pluie ?

Un peu d'eau.

C'est quoi, la prochaine étape ?

Vous courez après la prochaine étape comme l'âne après la carotte. Vous êtes la seule étape : nul chemin à parcourir.

C'est quoi, être courageux ?

Vous pouvez l'être à cet instant : Aimez-vous !

C'est quoi, être drôle ?

Au sein du jeu de la vie, des billes d'air pur ricochent, et crèvent parfois, laissant échapper un rire.

C'est quoi, l'abondance ?

Lorsque l'on joue à manquer, on joue à recevoir.
L'abondance, c'est jouer au plein après avoir joué au vide.

Fantôme, fantôme,
En traversant votre rêve,
Souvenez-vous que vous dormez.

Constater puis brandir
Sa flamme intérieure.

Qu'est-ce que...

Qu'est-ce qu'un clou nous apprend de la vie ?

Soyez le marteau qui tombe net,
Soyez pure densité transmise au bois,
Fibre à fibre,
Engagé,
D'un seul élan jusqu'au bout,
Puis,
Recommencez.

Qu'est-ce qu'un nuage nous apprend de la vie ?

N'ayez pas de contour distinct et soyez pourtant vous,
N'ayez pas de chemin fixe et soyez pourtant vous,
N'ayez pas de taille réelle, mais soyez pourtant vous,
Ni poids, ni direction, ni forme,
Allez où vous allez,
Et au moment opportun, écoulez-vous.

Qu'est-ce qu'un escalier nous apprend de la vie ?

Monter et descendre sont le même mouvement, l'escalier ne sait pas où est son haut, où est son bas, de quel côté est le début et de quel côté la fin, il n'y a qu'un chemin, une vis sans fin.

De marche en marche, il faut franchir les étapes, chacune nécessaire. Mais monter ou descendre, vous êtes toujours au même point, vous.

Délaissez-vous quelque part au bord d'un chemin creux, à la lisière d'un champ, abandonnez-vous, oubliez-vous, oubliez même quand c'était, et si c'était bien vous,

et laissez-vous dériver,

un jour, plus tard,
vous vous souviendrez de tout,
et que ce n'était rien.

Laissez venir le bleu,
il vous entoure et vous cerne, vous résistez encore,
mais la prochaine vague vous submerge
et vous n'êtes plus qu'un nuage à mi-nuit,
mi-ombre mi-lune, mi-ici mi-là, un instant suspendu,

Quoi ? Qu'est-ce ? Moi ? Ce nuage ?

Laissez venir le bleu.

Et puis, si vous doutez encore,
Si vous n'avez toujours pas compris,

Laissez venir le beige.

Vent, viens me prendre,
efface mes anciens pas,

Silence, viens me prendre,
réensemence-moi,

Mouvement neuf à chaque instant,
immobile à jamais pourtant :
Je suis cela.

Qu'allez-vous prendre de...

La sagesse du lotus ?

Lotus, que nous dis-tu ?
Tout ce que tu nous dis, nous le savions déjà, mais ne pouvions le dire mieux que toi.

La sagesse des étoiles ?

L'étoile est là, dans vos cellules, et de l'étoile de vos cellules à l'étoile dans le ciel, nulle distance.
Ferez-vous ce non-chemin ?

La parole des étoiles ?

« Il nous en faut beaucoup pour être heureuses,
heureusement nous l'avons. »

La parole de la cascade ?

« À dégringoler ainsi, je ne me perds jamais. »

La parole des statues ?

« Ne nous croyez surtout pas immobiles, nous sommes le temps. »

La sagesse du fleuve ?

Lorsque s'écoule le fleuve, écoulez-vous avec lui
plutôt que de ramer en sens inverse,

Jetez à l'eau votre statut de capitaine
et soumettez-vous à votre fleuve intérieur.

Le fleuve dira « Par là », et vous irez.

La sagesse du sourire ?

Sourire, palette infinie.
Avec votre sourire intérieur, plutôt que de vous maudire, vous pouvez vous dire :
Oui,
Tant pis,
Merci,
Ça va,
Continue,
Ce n'est pas grave,
On verra bien,
Ça ne vaut pas la peine,
Laisse tomber,
Pardon,
Mon trésor,
Allez !
Fonce !
C'est le moment !
Bravo !
Encore !
Mon chéri, ma chérie,
Je t'aime.

La sagesse de la lune ?

La lune de votre âme luit en permanence en votre ciel intérieur, toujours pleine, elle vous diffuse une douce clarté, l'entendez-vous ?

Elle vous diffuse une douce bonté, la ressentez-vous ?

Elle vous éclaire sans interruption, de l'intérieur, et cela se voit dans vos yeux.

La sagesse de la baleine ?

Plume est au vent, baleine est à l'eau.

La parole de l'océan ?

« Moi qui tiens entre mes mains d'eau la terre. »

La parole de l'arc-en-ciel ?

« Tout s'accorde à mon arc. »

La parole du soleil ?

« Vous croyez que je brûle mais je suis. Vous croyez que je consume mais je suis. Vous croyez que je fus et serai mais je suis. Vous croyez que je viens mais je suis. Vous croyez que je vous chauffe de l'extérieur mais vous êtes. »

La sagesse du soleil ?

Moelleux, dodu, fait à cœur.

La sagesse de l'aigle ?

Prenez ce que la vie vous donne. Soyez parfois foudroyant.

La sagesse du lion ?

Il ne sait pas ce qu'est un roi.

La sagesse de la rose ?

Encore une qui ne se sait pas reine.

La sagesse de l'abeille ?

Bien occupée à vivre, elle ignore tout du mot « travail ».

La sagesse du coquillage ?

« Cet interstice, voyez-le, je vous l'offre. Un peu d'eau entre, et ça suffit. »

La sagesse de la main ?

Simple outil de l'âme.

La sagesse du matin ?

Dire oui à chaque fois.

La sagesse de la porte ?

« Je propose, vous disposez. »

Pensées pour vous (à emporter)…

Ce matin, changez votre point de vue…

Saisissez une chaise et placez-la dans le passage,
devant la porte, ou au milieu de la cuisine, à un endroit
où vous ne vous asseyez jamais, et observez votre maison depuis là.

Asseyez-vous sur le tapis de la salle de bains ou sur cet autre au pied du lit,
et ressentez l'atmosphère d'une manière nouvelle, une manière de chat.

Allumez une bougie et demeurez près d'elle, hypnotisé par l'animation
de sa flamme, chaque seconde unique, toujours harmonieuse.

Décidez d'ouvrir les yeux à la grâce, soyez surpris de la trouver partout,
comme le modèle sous un papier-calque qu'il suffirait de soulever.

Arrêtez-vous sur un mot, sur une image, et donnez-lui du temps,
découvrez-y une nouvelle perspective, et laissez-vous transformer.

Nous sommes des passeurs…

Des passeurs de foi, cette foi de l'escalier qui sait qu'on peut toujours remonter
d'un étage, et voir les choses d'une plus haute perspective,
qu'on peut grimper dans un arbre et s'y reposer quelques instants,
tandis que l'arbre continue de grandir, nous porte dans son élan,
imperceptiblement, un peu plus haut.

Des passeurs de joie, comme le chien qui court en rond
autour des arrivants, heureux des retrouvailles, les hirondelles
qui s'ébattent au-dessus de la maison juste au coucher de soleil,
un papillon sur une épaule, une coccinelle sur la main.

Des passeurs de printemps, nous retrouvons nos yeux de sphinx qui perçoivent l'éternité, et de phénix qui réinventent la bcauté.

S'accorder un bon petit café avant d'entamer la journée, c'est…

Comme écouter un chant d'oiseau, immobile à la fenêtre en espérant que dure l'instant,
comme lever les yeux vers un avion, et repasser avec le doigt sa trajectoire dans le bleu,
comme un enfant se fait une bague avec une herbe fuselée,
comme une formule de politesse nouvelle que l'on viendrait d'inventer,
comme des lunettes magiques qui dilatent le temps, pendant les plus jolis moments,
comme une journée pleine d'alphalové – c'est quoi, l'alphalové ? :
un gros câlin qui ne peut jamais s'arrêter.

Le moment est venu d'ôter vos lunettes grises…

De retrouver pleinement la lumière sur la rétine et le sens des couleurs vraies.
Quel dommage de passer à ce point à côté du monde, de sa beauté, du sens profond des choses.

Vous êtes arrimés à des pensées douloureuses, des concepts défensifs, des visions problématiques, voici venu le temps de la simplicité et d'un nouveau regard. Pas le temps de la réponse aux problèmes, mais de la dissolution des problèmes dans une vision douce de l'existence.

Cette douceur est déjà là, elle a toujours été là.
Mais vous l'aviez quittée des yeux.

Deux douces rangées de toi-même,
Baignant en toi-même,
Et tu regardes.

C'est quoi...

C'est quoi, être curieux ?

Tout ce qui vous traverse est important. Tout peut devenir objet de curiosité.

Chaque vent, même le plus modeste, fait tourner les ailes du moulin, qui entraîne la meule, qui produit le pain, la vie.

Chaque moment peut vous nourrir, soyez insatiable.

C'est quoi, être un héros ?

Lance, épée, armure, bouclier, cape et superpouvoirs, que vous faudrait-il encore pour triompher dans votre vie, pour relever tous vos défis ?

Dé-superhéroïsez-vous. Vous n'avez pas besoin de tout ce fatras.

Vous, nu, suffit.

Est-ce si difficile de se voir simplement beau ?

Un superbe héros.

C'est quoi, être un héros du quotidien ?

Vous qui peinez, à cet instant, caressez-vous.

Vous qui râlez, à cet instant, honorez-vous.

Vous qui pleurez, à cet instant, réchauffez-vous.

Vous avez ce pouvoir de douceur : avec douceur, tout est plus simple.

Vous vous enjoignez d'être héroïque, déposez les armes et tant pis.

C'est quoi, être sage ?

Demeurer coi.

C'est quoi, l'harmonie ?

À cet instant, écoutez votre orchestre, l'harmonie, c'est vous.

Mais vous n'écoutez que le troisième violon.

C'est quoi, être authentique ?

Mettre à bas le costume. Quitter ses loques. Retirer son camouflage.

J'ai peur ? Tant pis.

C'est quoi, notre plus grand défi ?

Demeurer.

C'est quoi, l'humilité ?

Reconnaître sans fard sa véritable grandeur.

C'est quoi, être digne ?

Indigne n'existe pas, mais on peut l'inventer ;
être digne, c'est désinventer l'indignité.

C'est quoi, donner ?

Comme l'océan se donne de l'eau : de part en part, de goutte en goutte, de-ci de-là, de soi à soi.

C'est quoi, recevoir ?

Comme l'océan accepte sa propre eau, avec joie.

C'est quoi, gagner ?

Que voulez-vous gagner, vous qui êtes déjà tout ? Perdez plutôt votre ignorance.

C'est quoi, la grâce ?

Ce point source, là, pile poil au centre de vous-même,

et qui prévaut en chacun de vos gestes.

Le percevez-vous ?

Le recevez-vous ?

Le manifestez-vous ?

C'est quoi, le plaisir ?

Plaisir terrestre : manquer puis obtenir. Plaisir divin : être.

C'est quoi, la prudence ?

Il serait prudent de relâcher tout contrôle, comme un oiseau dans le ciel.

C'est quoi, le pouvoir ?

Rien de bien important.

C'est quoi, respecter ?

Se voir en l'autre.

C'est quoi, la santé ?

L'unité avec soi-même au sein de l'unité du vivant.

Déployez-vous.

Ô Vous qui rampez, pointez plus haut.

Identifiez votre cime et posez votre regard là-haut,
puis de là-haut retombez à vos propres pieds, humble et fier.

Puis, plongez en vos racines.

Explorez vos sources, vos strates rochifères,
remontez grain à grain,
jouissez de vos entrailles et refaites surface.

Puis jaillissez à nouveau
étendez-vous,
arborez toutes vos arches,
soyez en majesté.

Et puis du bout de l'ongle, revenez-en au sol,
et encore, et encore.

Vous êtes ce cycle éternellement rejoué,
du haut en bas,
de vous à vous.

Jouez enfin à votre propre splendeur.
Circulez.

Ceux qui te suivent t'indiquent le chemin,

Pour arriver là d'où tu viens.

Au fait…

Pourquoi le ciel est bleu ?

Hier le ciel était vert, aujourd'hui bleu et demain rose,
ou d'une nouvelle couleur qu'on inventera, je suppose.

Pourquoi la Lune brille ?

Parce que quand elle ne brille pas, les musaraignes râlent
en chuchotant tout bas : Lune, moi j'ai besoin de toi.

Pourquoi la Terre est ronde ?

Ça lui permet de rouler plus vite lorsqu'elle décide de rouler.
Si elle n'aimait pas rouler, elle serait certainement carrée.

C'est quoi, une éclipse ?

Vous fermez un œil, puis vous le rouvrez : éclipse.

Pourquoi la mer est bleue ?

Voyons voir… j'essaye de me souvenir de la fois où on a réparti les couleurs :
le soleil a eu le jaune et la forêt le vert, la neige le blanc,
après on a donné le bleu à l'océan (on avait hésité avec le rouge,
mais on l'a plutôt donné au sang).

Pourquoi la Terre tourne ?

La Terre roule, roule et s'enroule, comme une écharpe
autour de votre cou, pour que l'hiver soit plus doux.

Mer, ciel, montagne et plaine,
Tout se confond en un même mouvement.

Lumière,
Ombre,
Nuit,
Jour.

Tout se fond en un même mouvement.

Naissance et mort,
Débuts et fins,

Frontières invisibles.

La prière

L'arbre parlait d'éternité, il disait...

« Ami humain, écoutez-moi : Je veux vous parler de la prière.

Non pas une prière récitée pour un Dieu fictif, mais une conversation intime avec votre âme, et avec l'énergie de la vie.

La notion de prière, cette activité intime, mérite d'être dépoussiérée, c'est un formidable outil d'évolution.

La prière vous permet de vous adresser à votre âme pour dire, oser dire en votre for intérieur, où vous en êtes, où vous calez, ce que vous désireriez comme appui, ce que vous ne comprenez pas.

Votre âme n'en ignore évidemment rien, car rien de vous ne lui échappe, vous n'en êtes pas distinct, mais par cette façon de vous rapprocher d'elle, vous mettez en action votre propre énergie, vous sortez vos outils et vous arrimez à la maison en artisan, pour améliorer le temple que vous êtes.

C'est une modulation importante dans votre énergie que de vous tourner consciemment vers votre âme et de lui parler.

Faites-le simplement, sans marque artificielle, ni geste de fausse modestie, ni condescendance, c'est à vous-même que vous parlez. Mais à vous-même ayant tout pouvoir sur vous-même.

Demandez à être aidé à mieux comprendre le sens de ce que vous vivez, demandez à mieux percevoir la vérité de votre âme en vous.

Nommez vos doutes et vos souffrances et demandez aussi à les comprendre et les porter, et à vous appuyer dessus pour évoluer. C'est leur fonction.

Votre âme a – littéralement – tout pouvoir sur votre devenir, mais c'est vous qui placez le rythme, en fonction de la vitesse avec laquelle vous intégrez l'expérience.

Aussi, comme un athlète dialogue avec son coach – ici les deux ne font qu'un, mais le coach existe bel et bien en l'athlète, et a bien plus de pouvoir que l'athlète ne l'imagine –, aidez-vous de votre âme, cela accélérera les résolutions qui viennent sous vos pas.

Vous n'êtes pas créé pour errer ou souffrir, la satisfaction en toutes circonstances est possible, et votre âme vous offrira beaucoup de soulagement si vous vous placez à ses côtés, au lieu de chercher à conserver le contrôle, de vous considérer en victime, ou d'exiger votre dû.

Par ailleurs, la vie vous entend.

C'est-à-dire que votre vibration est créatrice. La plupart du temps votre âme n'intervient pas et laisse votre vibration vous attirer les circonstances qui lui correspondent.

Or, par la prière, que vous vous adressiez à votre âme ou à quelque divinité en laquelle vous avez placé de la foi, et elles sont nombreuses à représenter un support réel et effectif, par l'énergie de la prière, vous modulez votre vibration dans un sens de noblesse et d'humilité qui bénéficie à votre création, et vous attire donc des circonstances positives.

Ne sous-estimez pas la réalité du pouvoir de la pensée.
Ce pouvoir est aussi réel que celui de la mécanique, du moteur à essence, du canon, du fusil, du dispositif d'arrosage ou des ustensiles de cuisine.
Cela marche, cela porte, cela fonctionne.
Donc, expérimentez-le, utilisez-le.

Vous pouvez par ailleurs dialoguer avec vos anges gardiens, guides, amis de l'invisible, et vous pouvez aussi, en allant dans la nature, y prendre la parole en direction d'un arbre ou de tout lieu où vous percevez de la beauté. De nombreux êtres y résident, que vous percevez rarement mais qui vous perçoivent, et qui vous aideront en faisant facilement monter votre vibration pour que vous puissiez trouver en vous-même les réponses que vous attendez d'eux.

Ils agissent en rehaussant l'intensité de la lumière que vous êtes, par un simple geste d'amour et de compassion et d'entraide, et alors dans cette lumière plus élevée, vous voyez mieux, plus juste, et discernez ce que vous avez à faire, ou avez une pensée plus nette, moins problématique, plus essentielle.

Voici donc ce que je vous invite à expérimenter.

Cela représente une petite aventure intérieure, car vous n'y êtes pas habitué, et cela peut être intimidant. Vous pouvez vous sentir ridicule, vous allez ressentir la part de doute affronter la part de foi, et vous allez ressentir les émotions qui s'interposent entre vous et votre source, souvent de dépit, de ressentiment ou d'excessive affectivité.

Mais soyez simple, expérimentez, expérimentez-vous.

Rejoignez-nous. »

Vous autorisez-vous la magie ?

Vous êtes la trame du monde,

Vous êtes la carte du monde,

Vous êtes la matière du monde,

Vous êtes le sens du monde.

Si...

Si vous oubliez d'aller quelque part ou bien d'en revenir,

Si vous oubliez d'avoir peur pour l'eau, le chaud, le froid, la nuit,

Si vous cessez de croire en quelque direction, si vous vous contentez d'aller, si vous laissez enfin vos pas faire, votre élan vous guider,

Si vous ne savez plus rien,

Si vous vous ouvrez au désert,

Si ce désert est pur infini, mer sans rives,

Si plus rien ne vous détermine que d'exister, et quoi qu'il en soit, tant pis,

Si vous acceptez de tout perdre et découvrez alors que vous n'avez rien perdu,

Si dune après dune vous êtes toujours au même point, ce point-vous, que vous ne pouvez pas quitter,

Si la trace de vos pas évoque celle d'un animal, d'un insecte, le souvenir du passage d'un oiseau dans l'air, si cette trace n'a ni début ni fin,

Et que vous n'êtes pas à un point précis d'un segment, mais que vous êtes, tout simplement vous êtes,

Alors, c'est qu'enfin vous avez ouvert les bras,
reçu dans votre cœur la grâce,
accédé à la légèreté.

Nous nous rejoindrons dans la marche,

Et nous serons unis.

Ah, qui dira la beauté du sable glacé,
Et des pierres d'eau,

Celle du ciel en vagues et des nuages de mer,

Ah qui dira le reflet de la côte du côté de la mer, et du côté de la terre,
La teneur exacte de l'atmosphère,

La tessiture du temps,

La frontière entre le noir et le blanc,

La palette odorante des bleus,

Les effluves scintillants de Dieu.

Juste à cet instant-là,

Bien malin qui dira où finit le haut

et où débute le bas.

C'est quoi...

C'est quoi, la sérénité ?

Conscience de sa propre santé.

C'est quoi, le silence ?

Prendre par la main le bruit, le bercer, voyez, il dort maintenant.

C'est quoi, la solitude ?

Ignorance du Soi.

C'est quoi, l'unité ?

Percevoir les fils tendus partout entre les éléments du décor.

C'est quoi, l'humanité ?

Une espèce de micmac.

C'est quoi, une journée réussie ?

Forcément celle-là.

C'est quoi, une vie réussie ?

Toutes les vies sont réussies. Toutes.

C'est quoi, réussir sa vie ?

Aimer, quoi d'autre ?

C'est quoi, être altruiste ?

Ne plus compter.

C'est quoi, être libre ?

Ne plus rien savoir. Ne plus rien vouloir.

C'est quoi, le plus bel équilibre ?

L'addition de tous les déséquilibres.

C'est quoi, le plus beau mot de politesse ?

Se dire oui.

C'est quoi, la mort ?

Pouvez-vous voir un peu loin que votre frêle apparence ?

Pas la force que vous avez, mais la force que vous êtes.

C'est quoi, la beauté ?

Simple existence.

C'est quoi, l'infini ?

La distance que vous parcourez et en laquelle vous résidez à la fois.

Bouddha bleu,
Je te sais en moi.

Pensées pour vous (à emporter)…

L'oiseau vient se poser sur une épaule…

Sur le rebord de l'évier, un moineau s'est posé et boit.
Imaginez-le si vous ne le voyez pas.

Sur le rebord du lit, un écureuil s'est posé et observe.

Imaginez-le si vous ne le voyez pas.

Sur chaque chaise de votre maison est un petit animal. Sur chaque objet.
Votre porte-clés, votre portefeuille : perchoir et abreuvoir.
Votre brosse à dents : un mat pour un tout petit colibri.

Mettez vos lunettes si vous ne les voyez pas !

Imaginez la plus belle chose pour vous maintenant… ce serait par exemple…

Vouloir prendre le sel et puis c'était du poivre,
ouvrir toutes les fenêtres et tant pis,
vous asseoir à la table d'un ami,
vouloir prendre le poivre et puis c'était du sel,
ouvrir l'armoire et la découvrir vide c'est délicieux,
ou bien elle était pleine et tant mieux,
choisir pour aujourd'hui un vêtement neuf ou un vieux,
démonter les volets, les fenêtres, laisser tomber les murs,
accueillir à votre table un ami,

accepter les aléas de la vie,
et peu importe, quoi qu'il arrive, vous dire oui.

Le soleil s'approche de l'homme et lui dit...

« Laissez-moi poser un peu de chaleur sur votre épaule.
Laissez-moi porter ma lumière à vos lèvres.
J'assois le jour dans votre main gauche et la nuit dans la droite,
voyez mon rayon qui vous caresse le dos à l'aube,
bonjour, et puis au crépuscule, dormez bien.

Même plus : je resplendis directement dans votre cœur. »

En avant de mes yeux, le monde.

En arrière de mes yeux, des pensées.

Et moi,
qui observe les deux,

Où suis-je ?

Bercé d'infini,
je me reflète en le monde,
sa beauté est la mienne.

Nulle peur,
en la beauté je demeure,
le bleu est dans mes yeux.

Je suis…

Je suis la joie, je suis…

OUI, oui.

Je suis le mal, je suis…

Survendu.

Je suis la maladie, je suis…

Nécessaire, réaliste, précise, donnée, offerte, cadeau, régulation, pause, remise à zéro, rappel de corps, ligne de fuite, retour à soi, initiation, positive, enseignement, recalibrage, passage.

Je suis la nature, je suis…

Toi. Tu ne m’échappes pas, petit toi.

Je suis la compassion, je suis…

La meilleure compagne d’infortune.

Je suis l’empathie, je suis…

L’art du reflet.

Je suis un chasseur dans la jungle, je suis…

Issu de la terre, et j'y retournerai ; qu'est-ce qui n'est pas mangé un jour ?

Je suis la vitesse, je suis…

Absolument incertaine. C'est une question d'échelle.

Je suis un bâtisseur de cathédrale, je suis…

Un tailleur de prière.

Je suis l'ombre d'un roi, je suis…

L'ombre d'un roi.

Je suis l'aube, je suis…

Déjà le crépuscule.

Je suis le crépuscule, je suis…

Encore l'aube.

Je suis la foudre, je suis…

Immédiate.

Une libération.

Je suis la politesse, je suis…

Douceur.

Je suis un prédateur dans la jungle, je suis…

Nécessaire.

Planète Terre, réépousons-nous,
Nous qui ne nous sommes jamais désépousés.

Étrangeté ressemblante,
à mon visage,
lorsque j'ai la foi.

Ma barque en son destin.
Que sais-je vraiment de moi ?

L'ouverture

L'arbre parlait d'éternité, il disait...

*« Cher ami, tournez-vous vers vous-même pour y trouver la demeure
que vous êtes,pour vous y centrer en votre propre filon, votre propre
source.
Celle-ci n'est jamais hors de portée, elle est toujours disponible
et si vous ne la sentez pas, c'est juste que vous ne vous ouvrez pas
suffisamment.*

*Demandez à vous ouvrir, dites "Je décide, je demande de m'ouvrir,
comment puis-je m'ouvrir maintenant ?", et ouvrez-vous.*

*Comme un arbre, comme une écluse, comme une vallée, c'est à la fois
laisser passer et s'étendre dans l'espace, c'est connaître
que de son propre ventre jaillit la vie, de sa poitrine elle jaillit,
bras ouverts elle jaillit, c'est se laisser respirer.*

*Parcourez votre corps, placez successivement votre conscience
en chaque point de votre corps, et ouvrez-le, puis parcourez votre esprit,
placez votre conscience en chaque pensée qui vous habite et ouvrez-
vous en cette pensée.*

*De votre simple décision, détendez le muscle,
détendez le jugement.*

*Parcourez vos tensions, et à l'intérieur
de chaque tension décidez de vous ouvrir
et faites-le.*

*Qu'elle soit physique ou mentale, cette tension,
ressentez-la, laissez-la bien vous envahir,
n'en occultez aucun atome, puis, ouvrez la main,
comme on laisse tomber un caillou.*

S'ouvrir est juste s'ouvrir, vous n'ignorez pas comment le faire, personne n'ignore comment s'ouvrir.
Vous pouvez en passer par une image, comme l'action d'ouvrir une fenêtre, par un geste, par un mot, une parole, simplement vous vous ouvrez.
Si vous ne parvenez pas à vous ouvrir, alors ouvrez-vous. Faites-le.

S'ouvrir, c'est s'offrir. C'est céder, c'est lâcher. C'est dire oui.
C'est cesser de combattre.
Détendez vos chairs.

Lorsque vous vous ouvrez, la vie circule à nouveau, et plus vous le faites, plus vous pouvez le faire plus avant.
Peu à peu, les gonds se dégrippent, la cage thoracique accède à plus d'ampleur, par simple décrispation, beaucoup plus d'oxygène entre, la dureté de vos paroles et de vos pensées fond, chaque degré de douceur gagné est un degré d'apaisement qui en appelle un autre.

Et si vous vous refermez, le degré d'ouverture déjà atteint est facilement retrouvé, comme un chemin balisé en vous.

Il n'y a pas de limite à l'ouverture, vous pouvez toujours vous ouvrir plus largement.
Ce n'est pas une notion physique, entre deux rives, c'est comme une intensité qui peut croître à l'infini, exponentielle.

Le bénéfice est immédiat, vous sentez la vie affluer, vous sentez la détente et vous sentez le bien-être, le bienfait de l'ouverture.

Vous sentez aussi les pensées contractées surgir, car dans votre ouverture les points de contraction apparaissent comme un coin mal rangé au milieu d'une pièce claire.

Et quand vous clarifiez, des espaces sombres deviennent distincts, et vous décidez de les ouvrir, de les exposer à la lumière.

Acceptez de céder, ne conservez rien, aucun cheval de bataille, cédez sur tous les fronts, vous êtes ici pour vous ouvrir et ce ne sont pas

des défaites, ce sont vos plus intimes victoires, les seules victoires, sur vous-même, sur votre contraction.
Vous croyez devoir bâtir, assembler, exceller, maîtriser, mais il s'agit ici d'un effondrement, vers le constat subtil d'une extraordinaire puissance. Vous.
Souverain, vous régnez alors au-dessus de vos châteaux de cartes effondrés.

La récompense de l'ouverture est l'ouverture.

Vous sentez qu'ouverture est jouissance, vous connaissez la nature de l'orgasme humain, déferlement d'énergie vitale au moment de l'ouverture, pure circulation d'être dans le corps.

L'orgasme, la jouissance au sens le plus concret qui est physique-énergétique, c'est de l'ouverture, c'est de la circulation permise.

Votre moteur de plaisir est l'ouverture.
Ouvrez-vous.

Faites-le pour vous, offrez-vous de vous ouvrir.

Ouvrez-vous en vous-même, de vous à vous,
puis ouvrez-vous face à la vie, aux événements, face aux autres.

Et si vous vous fermez, voyez-vous vous fermer, constatez-le, sentez la contraction et que cela est souffrance, fermeture à la vie que vous êtes, arrêt.
Décidez de ce que vous voulez vivre et ce que vous voulez vivre est l'ouverture.

Alors, face à votre propre vie, quels que soient les événements et ce que vous nouez comme relation, quelles que soient vos pensées et émotions, souvenez-vous de ce que vous voulez, ce que vous voulez, c'est jouir,
c'est vivre,
c'est vous ouvrir :
ouvrez-vous. »

Tout ce sable coule en moi et me rassure.
Ô mort étends tes bras que je devienne ce paysage.
Ô vie étends tes bras, je le suis déjà.

Quelle serait ma plus haute pensée ?

Je nais… que se passe-t-il ?

Je ne sais pas encore à quoi je dis OUI.
Je suis tout ouïe.

Je meurs… que se passe-t-il alors ?

Je suis libéré des contraintes terrestres. Je m'aperçois que tout est énergie.

En cette libération, je reprends vie à plus belle altitude et je commerce avec moi-même.

Je suis mon propre jugement dernier, ma parole est claire, ma vision limpide, je pose les bases de ma prochaine expérience terrestre.

Douceur infinie d'être moi.

Je suis en colère à mon travail

Quelle énergie de transformation ! À moi d'en faire le bon usage maintenant.

J'ai peur de perdre mon enfant

Oui. Cela est le plus haut travail.

Mais mon enfant me montre que je n'étais pas complet.
Il ne peut me compléter, je dois me compléter moi-même.

Lui ? Il est déjà sa propre vie !

J'ai peur de monter sur scène

Allez, et chutez si nécessaire.

« De toute façon je m'aime.
De toute façon je me respecte.
Je m'aime et me respecte même lorsque je chute. »

Je ne sais que choisir entre mon travail qui me fait vivre et mon aspiration à être autre chose

Autre chose. Soyez donc autre chose. Vous vous devez cette autre chose.

Je suis jaloux

Non. Lâchez ça tout de suite !

Je suis heureux un tout petit moment et j'ai peur de ne plus l'être

Oui, ce moment de bonheur, la vie le reprendra,
jusqu'à ce que je ne l'aie plus mais que je le sois.

Je suis mon bonheur. Il vient de moi et non de l'extérieur.
Ainsi seulement il ne peut se perdre.

Il me manque cette belle voiture

et tant d'autres choses à l'infini.
Après celle-là il m'en faudra une autre.

Le nom de cette voiture est le manque.

J'ai l'angoisse que les miens ne soient pas heureux

J'arrête de me mêler de ce qui ne me regarde pas.

M'ont-ils demandé quelque chose ?
Si oui, je donne,
si non, je m'occupe déjà de moi.

Ainsi je serai un point d'appui.
Si j'angoisse, je fais plonger toute la demeure.

J´ai peur d'être malade

Peur et malade sont un même mal.
Avoir peur est déjà une maladie.

Je m'occupe de ma santé en choisissant la confiance.

Je n'ai plus le goût de la vie

Mais je suis la vie.

Je n'ai plus le goût de moi ?

Cela ne peut signifier qu'une seule chose :
je ne me suis pas encore rencontré.

Femmes, Hommes

Il y a vos mains tendues, paumes vers le ciel, et il y a la couleur.
Il y a l'abondance infinie du vivant qui se dépose en vous
Sans rien vouloir en échange

Car cette couleur est vous.
Car ce geste est vous.
Car la vie ne se refuse rien à elle-même.

Il y a ce bracelet pour se dire oui, il y a cette peau
Peau d'humain qui sait bien qui il est :
Pure couleur.
Pure joie d'être.

Pure joie d'être.

Quoi que nous bâtissions, la vie le reprendra,
car tout est à elle.

Nous aussi.

Diviser l'espace,
Penser le conquérir,
Que restera-t-il dans un million d'années ?

L'espace,
à jamais là sous les tours.

Vous voilà au milieu de ce livre et…

De nombreuses paroles résonnent, et des images, et comment cela se peut-il ?

Si une vibration à l'extérieur résonne à l'intérieur, c'est que l'extérieur et l'intérieur ne font qu'un, quelque chose s'est reconnu et unifié, qui parle maintenant d'une seule voix.

Mot à mot, image par image, souffle après souffle, la proposition de se détendre fait son chemin, et la détente gagne.

Et la détente dit : « Je reprends mon territoire, tout cet espace est à moi. »

Et pourquoi ces vies crispées, soucieuses, et pourquoi tant de colère et de peur, et si tout cela pouvait se déposer et disparaître ?

Chaque souci réclame encore son dû, mais c'est comme si la litanie négative perdait de son pouvoir, et vous y croyez moins, et vous la laissez parler.

C'est au sein de la détente que les tensions adviennent maintenant, comme des bébés inquiets dans un bain clair, mais la chaleur déjà prend pouvoir, et leurs cris adoucis résonnent dans la lumière rosée du matin.

Une belle journée se prépare.

La règle du Je

Un éléphant s'avance et dit :

« Cher humain, vous vous troublez souvent pour bien peu.

Les choses sont simples, si vous ne les compliquez pas :

Simples en ce sens que vous pensez et agissez, ou bien vous restez tranquille, puis vous récoltez en miroir ce que la vie vous apporte et qui reflète votre état intérieur et votre action.

Si cela est insatisfaisant, vous vous transformez, si cela est satisfaisant, vous vous approfondissez.

Simple, donc.

C'est la logique même de ce monde de vous rendre responsable de vous-même afin de vous aider à grandir.
Les choses deviennent compliquées lorsqu'un trop-plein de pensées mène à la confusion. Cela vous empêche d'agir, vous surinterprétez, ou encore vous ne prenez pas la responsabilité des conséquences que vous récoltez et ne les utilisez donc pas pour vous transformer.

Parfois en plus, ces pensées sont celles de votre époque, famille, ou tout autre discours entendu, accepté, et auquel vous vous êtes identifié.
Vous récoltez alors des conséquences qui ne sont pas véritablement les vôtres et qui ne vous aident pas à grandir.

Donc, cessez de prendre, sur les étagères de la pensée fabriquée, tout un tas de points de vue.

Petrarca
TASSO
LE AMERICHE
LE INDIE
Hofmanni

Donc, cessez de considérer que ce que vous vivez est la conséquence de telle ou telle cause externe, ou de telle ou telle personne, de tel méchant. Cessez de penser que la maladie vous tombe dessus injustement, que tel accident aurait été évité si... , que les gouvernements, les étrangers, les événements climatiques, ou toute autre cause vous détermine.
Prenez la responsabilité de ce que vous vivez comme vous appartenant bel et bien.

Donc, cessez de vous juger par avance de dire et de faire, car ainsi vous jugulez votre parole et action, et donc vous n'en récoltez pas les conséquences, et donc vous faites perdurer des états internes qui cherchent à évoluer.

Pour que ces états internes évoluent, vous devez en récolter les conséquences, et donc oser parler, oser agir, et accepter ces conséquences, fussent-elles dommageables, car ici ce que vous appelez dommage est la motivation pour changer.

Donc, cessez de surinterpréter ce que vous récoltez comme conséquences, en les regardant notamment avec un a priori moral (jugement et accusation envers vous-même), ne vous maudissez pas, ne vous méprisez pas, prenez simplement ce que vous récoltez, regardez-le avec le plus de nuance et d'objectivité possible, et déduisez-en ce que vous devez transformer dans votre caractère.

Vous devez ainsi vous considérer comme une pâte à modeler, par vos propres mains, en vous regardant au miroir de la vie. Améliorez la sculpture.

La règle du jeu de ce monde est assez simple, et le monde ne s'impose pas à vous, c'est bien vous qui lui donnez forme, dans le but de vous donner meilleure forme à vous-même.

La création va vibratoirement de l'interne vers l'externe. Vos peurs, vos jugements, vos désirs, appellent des situations, relations, circonstances. Tout est vibration, tout est écho, tout est résonance.

Envisagez-vous comme cet instrument qui émet des harmoniques, et améliorez votre musique.

Pour cela, le monde qui vous entoure est donné en motivation, puisque les conséquences douloureuses vous protègent d'émettre une musique dissonante, et les conséquences heureuses vous encouragent à émettre une musique harmonieuse.

La dissonance est du côté de la peur, de l'accusation et du jugement, de la conformation aux dogmes de votre époque,
l'harmonie est du côté de l'acceptation, de l'amour inconditionnel, de l'estime inconditionnelle, de la détente.

Vous êtes appelé à vivre dans l'amour, la paix, la joie,
cela est à votre portée, cela se joue en vous, vous êtes intégralement puissant à vous l'offrir.

L'humilité et le courage sont nécessaires, la déresponsabilité est un piège,
se responsabiliser est faire des choix et en vivre les conséquences.
Faites des choix tranchés. Osez. Acceptez ce que vous vivez comme étant bien à vous.

Bien sûr, comme vous vivez beaucoup de confusion, de l'aide vous est apportée.

Vos guides, votre âme, vous envoient des appuis internes, comme de l'énergie quand vous en manquez, comme de l'accélération et amplification de conséquences positives ou négatives pour vous clarifier les choses.
Et aussi des appuis externes, comme une rencontre, une information, un livre, une idée qui vous vient.

Donc, ce jeu est plus clair et simple qu'il n'y paraît.

Engagez-vous, jouez, soyez beau joueur, et vous en récolterez satisfaction.

Ce monde est ainsi fait, vous ne pouvez échapper à ses règles, vous les avez choisies et appréciées lors de votre choix d'incarnation.

Un éléphant peut-il parler ainsi ?

Oui

Comme une goutte d'eau, un arbre ou un oiseau. »

Nous sommes les éléphants, et nous peuplons le monde.
Notre gris est de mille nuances.
Notre poids est pure terre pour la terre
Nos défenses sont de joie, de force et de patience

Je suis la prairie, et j'unis la terre,
Mes pensées sont filles de pluies,
Mes reflets sont le ciel sous des pieds d'éléphants.
Mon mouvement subtil va de la montagne au fleuve,
et revient

Nous sommes les nuages
Nous superposons de blanc la prairie chantante,
Nous donnons nos gris au ciel joyeux,
Nous sommes la danse du jour et aussi de la nuit.

Je suis le soleil et je ne fais que passer.

Quelle serait ma plus haute pensée ?

Il/elle m'a quitté

Rien de ce que je vis n'échappe à ma souveraineté.
J'ai décidé de cela.
À moi de trouver pourquoi.

J´ai peur pour la terre

N'ayez crainte, dans dix mille ans elle sera toujours bien là.
Elle se digère, se régénère.
Oui, veillez à vous occuper d'elle... mais plus encore de vous :
votre geste extérieur sera toujours au diapason de votre geste intérieur.
Occupez-vous d'elle en vous occupant de vous.

Je hais les méchants

C'est que vous ignorez le méchant en vous.
Cessez le feu !

J'ai peur de la guerre

Proposez-vous un traité de paix.

Je suis harcelé

Envoyez-le paître, envoyez-la paître.
Faites-le !
Son rôle est de vous aider à le faire.
Il/elle continuera jusqu'à ce que vous le fassiez, pour vous aider.
Son rôle, il/elle le tient à merveille, et vous ?
Pour le faire, une condition : acceptez de perdre ce qui lui donne pouvoir sur vous.

Je me trouve trop gros

Vous courez après l'image qui vous séparera de votre désamour.
Mais votre désamour sera bien toujours là,
prêt à vous reprendre au moindre kilo de travers.
Une seule solution : aimez-vous.
Donnez-vous la tendresse que vous attendez qu'on vous donne.

Les autres ont plus de chance que moi

« Tu as la guigne, c'est sûr ! »

C'est vraiment ce que vous croyez ?
Mais votre malchance est la conséquence de votre croyance
en votre malchance.
Elle produit des résultats qui renforcent votre croyance.
Faites demi-tour, engagez-vous dans l'autre sens.

Peu à peu, pas à pas, vous reviendrez en arrière jusqu'au point neutre
– la même chance que les autres – et vous continuerez à avancer,
vous construirez votre croyance en votre chance,
et celle-ci, imparablement produira des résultats chanceux.

Je dois mettre ma mère à l'hospice

Devoir n'existe pas. Seul choisir existe.
Dites oui à vos choix.
Dire non à son propre choix est pure folie.

Je ne sais pas quoi dire à mes enfants

Dites-leur ça,
ils entendront votre amour au travers.

Aujourd'hui...

Aujourd'hui, je vais vagabonder et...

Tant mieux. Vagabonder c'est sortir de sa forme initiale pour accéder à une autre.
On ne peut se trouver sans se perdre, et les mines d'or ne se trouvent que par un heureux hasard.
Il vous faut dérailler, il vous faut déraisonner, il vous faut vous abîmer, et au bout de ce plongeon dans l'inorganisé, ressortir sage et neuf.

Aujourd'hui, j'ai envie de radoter...

Et vous ne faites que ça.
Mais à force de réécouter ce même disque, encore et encore, vous percevez que quelque chose se transforme. Un ton qui change. Un mot ça et là qui en remplace un autre. Votre parole s'adoucit.
Un jour, elle s'adoucira jusqu'au silence.

Aujourd'hui, je vais être la personne la plus simple du monde...

C'est en votre pouvoir.
Être simple c'est être vide. Sans peur. Sans représentations. Sans croyances ni conditionnements. Sans espoirs ni attentes. Sans besoin.
Être.
Être suffit, toute le reste en découle naturellement.
Faire et Avoir sont alors dans le simple prolongement de être, sans rien surajouter.

Aujourd'hui, je marche dans la rue et puis...

À chaque personne croisée, ce simple exercice, ne pas vous désunifier.
Rester solidaire du monde.
Ne plus jamais marcher seul : ne pas quitter l'amour.

Seul le doute doute.
Et lorsque je l'écoute, je ne m'écoute pas.

Courez sans craindre de faux pas,

Jouez sans attendre un résultat,

Laissez-vous happer par l'harmonie du monde,

Œuvrez chaque instant à votre propre grandeur,

Définissez en votre cœur vos propres points d'appui,

Et vous émergerez comme une figure du monde.

L'appui de l'air, le souffle du vent, le poids de la pierre où reposer souvent,

La lumière changeante, le bruit des ailes, la poussière,
Des odeurs et des sons de passage,

Un murmure,

Impressions de la ville des hommes,

Et le fleuve coule.

Cet instant-là,
Instant poudré,
Sur fond de nuages,
Et de présence.

Saturé d'éternité,
Cet instant-là,
demeure,

Et nous,
Aussi.

Aujourd'hui...

Aujourd'hui, qu'est-ce que je vais faire pour moi... ?

Adressez la question à votre coeur, et agissez en conséquence.
Il vous dira sûrement : aimez-vous, caressez-vous, révérez votre propre noblesse.
Et, cette vibration installée, allez au monde.

Aujourd'hui, j'ouvre mon esprit et...

Il faut d'abord ouvrir son coeur.
L'esprit, simple mécanique, se prête à tout. Au bout d'un coeur fermé, par de multiples raisonnements il vous fera vous perdre.
Au bout d'un coeur ouvert, à ce diapason-là, l'esprit, simple mécanique, vous permettra de bâtir des cathédrales de lumière.

Aujourd'hui, tout le monde aura son mot à dire...

On peut se perdre en la parole. En la pensée. Et en l'action.
On ne se perd jamais en son propre silence, encore faut-il l'avoir trouvé.
Une personne qui parle depuis son bruit : ces paroles-là nous perdent à leur suite.
Une personne qui parle depuis son silence : ces paroles-là abreuvent.

Aujourd'hui, je n'oublie pas qu'il est important de...

Souscrire à mon propre diapason.

Aujourd'hui, mon geste d'amour va être...

Il n'en est qu'un, dont tous les autres découlent : m'abreuver à mon propre sein

Le changement

L'oiseau chantait l'infini, il disait…

« Cher humain,

Oui ces temps tendus, faits d'accusation, d'exigence, d'attente vis-à-vis des autres et de colère mal canalisée, ces temps sont bénis, car ils permettent un profond et rapide changement.

Comme la contraction d'une cuisse - préalable au jaillissement du coureur - celle d'un ressort, il a fallu du temps pour rassembler de l'énergie, et si, juste avant la détente, vous ne voyez que durcissement, tassement, c'est que vous n'écoutez pas les signes précurseurs du relâchement, qui sera très rapide, et que vous anticipez mal son extraordinaire bienfait.

Mais le seul changement réel est le changement intérieur.

Le changement extérieur, s'il ne correspond pas à un changement des hommes et des femmes en eux-mêmes, est une fine couche de contrainte qui se révélera rapidement fictif ou même néfaste.

Placez un tuteur pour une vigne, et attachez-la, elle suivra le fil, mais si celui-ci rompt ou que quelqu'un, d'un autre avis, le coupe, alors la vigne reprendra sa souplesse.

À ceci près qu'un humain contraint et qui en souffrira, non seulement se relâchera dès que possible, mais en plus, ayant emmagasiné de la tension comme un élastique, la rendra brutalement.

Il est ainsi fort inutile de promulguer des lois qui contraignent à des comportements qui ne correspondent pas à de véritables évolutions individuelles.

Donc, pour apporter le changement à votre époque, vous ne pouvez que changer vous-même et inviter les autres, par votre témoignage, à désirer changer.

Car il est inutile de vouloir changer chez les autres ce qui n'est pas déjà changé chez vous, et si cela est effectivement changé chez vous, votre simple existence en cette nouvelle énergie en attirera d'autres qui se joindront à vous.

Et ainsi de part en part, sans grandes guerres extérieures mais en de multiples fronts intérieurs, invisibles, humbles et non moins courageux, le monde des hommes se transformera sûrement.

Et ceux qui resteront en arrière, par trop de distorsion, seront bientôt forcés de se mettre au nouveau diapason.

Gardez-vous d'imaginer que vous êtes en avance et que les autres gagneraient à s'inspirer de vous et centrez-vous sur votre propre transformation. Comme un artisan de lui-même focalisé sur sa tâche, désintéressez-vous de la responsabilité des autres, il vous suffit largement de la vôtre.

Les circonstances vous présentent maintes occasions de vous placer dans un sentiment d'insatisfaction : prenez ce sentiment comme une occasion de vous demander ce qui, dans vos pensées à propos de vous-même et des autres, est trop étriqué, trop peu ambitieux, et pourrait être amélioré.

Ainsi, le monde vous parle en miroir : voyez-y sans cesse votre propre reflet, l'occasion d'améliorer un geste, une attitude.

Ce qui vous déplaît chez l'autre, changez-le chez vous, et ce qui vous plaît chez l'autre n'est qu'un aspect de vous que vous tardiez à découvrir.

Reprenez le fil de votre rêve. Cessez d'attendre une amélioration venue d'un gouvernement ou d'un proche, d'un employeur ou d'un voisin, demandez-vous ce que vous pouvez faire pour vous dès maintenant. Ce "faire pour vous" ne sera pas de prime abord matériel, mais intérieur.

Connaissez que votre extérieur découle de votre intérieur, pensées et émotions, et améliorez-en la qualité, la noblesse, la légèreté.

Offrez-vous plus de confiance, offrez-vous plus d'estime, osez vous prendre la main et vous encourager, vous valoriser, remplacez dans votre bouche et votre esprit les réprimandes, brimades et commentaires ironiques ou négatifs par des signes de réconfort ou d'approbation, des marques d'amour et d'estime.

Soyez votre propre chef d'orchestre, saisissez-vous des notes discordantes dans vos humeurs, vos remarques, vos attitudes, pour vous offrir peu à peu des harmoniques paisibles.

Faites simplement cela, et la transformation réelle, absolument réelle, de votre signature vibratoire, se répercutera dans votre vie sous forme de bonnes fortunes, d'occasions, de rencontres.
Vos relations se transformeront.

La seule base de votre évolution positive est là, et partant, celle du monde.

Le splendide concert du vivant qui s'annonce ne résultera pas de l'apparition d'un chef d'orchestre éclairé, mais de la simple harmonie qui émanera d'humains eux-mêmes plus harmonieux. »

Dieu du ciel, me vois-tu ?

Dieu du ciel, me sais-tu ?

Dieu du ciel, m'existes-tu ?

Toi qui regardes par mes prunelles.

Prenez quelques instants…

Placez en vous une note de cordialité.

Placez en vous une note de bienséance.

Rehaussez toutes vos valeurs de un degré.

Entretenez le brûleur pour que la flamme file haut.

N'ayez crainte d'éclairer loin.

Laissez tomber toute la poussière.

C'est quoi...

C'est quoi, un être humain ?

Un regard posé sur le monde.
Un regard tour à tour amusé ou sévère, ignorant ou sage, haineux ou noble.
Ainsi, c'est ça, un humain ?
Il se regarde le nombril, mais il y voit le dessin de l'Univers.
Il se souvient de quelque chose, mais sans pouvoir dire quoi.
Il est momentané, mais il a conscience de ce que signifie éternel.
Il est limité, mais il conçoit l'illimité.
Il marche il grimpe il court il nage, mais il reste prisonnier de sa forme.
Il sait deux ou trois choses, mais pour ainsi dire rien, il croit savoir, puis convient qu'il ne sait plus.
Il se perd en des concepts, se trouve en d'autres, il ne sait pas très bien s'il est perdu ou rassemblé.

Un être humain ?
Il est sur le point de comprendre,
il a ses réponses sur le bout de la langue.

C'est quoi, être heureux ?

À un moment donné, quelque chose se passe. Les pièces du puzzle étaient toutes à l'envers et la brise les a remises en place. Le bonheur est là. Cela s'est simplement passé.
Puis cela se défait, se déplace, les ingrédients sont dispersés et la recette perdue ; il reste un souvenir, et un espoir.
Mais la marée est là, immuable. Elle ramène vers la plage tous les galets oubliés et les dispose à nouveau parfaitement. Quelques secondes passent, des secondes de bonheur.

Qui en est témoin ? Pour quel regard tout cela advient-il ?

Et qui dispose ainsi des éléments du jeu, et les rassemble d'une manière ou d'une autre, et encore a changé la donne, et quel est donc ce jeu ?
Peut-être qu'après beaucoup de parties gagnées et de parties perdues, un autre bonheur s'installe, immuable celui-là.

C'est quoi, être parent ?

Ces deux arbres-ci sont grands, à côté deux autres plus petits. Mais la différence est secondaire.
Ces petits sont issus des racines des grands, mais cette précision est secondaire.
Ce qui est vrai, c'est la forêt. Ce qui est vrai, c'est le vent dans les branches.
Le vent qui passe au travers de mon corps-buisson me remue de l'intérieur, et parfois il extrait de moi un petit rameau, une feuille, un songe ou une poussière, qui donnera un arbre traversé de vent.
Mais tout ceci est secondaire.
Simplement, il y a des arbres.
Et il y a du vent.
Et il y a le soleil.
Et même cela est secondaire.

Au bout du compte, c'est quoi, le plus grand secret de la vie ?

Chut.
(On fait semblant de ne pas savoir.)

Acceptez que votre barque échoue où elle échoue,

Ne croyez jamais vos œuvres certaines ni éternelles,

Jouez chacun de vos coups sans craindre de tout perdre,

Et la lumière chaque jour abondera vos fenêtres.

La joie

L'oiseau chantait l'infini, il disait…

Nul n'ignore la joie – Observez-la de plus près

« Et si nous parlions de la joie ?

Vous connaissez la joie, chaque personne humaine connaît ce sentiment, de manière plus ou moins intime.

Si vous n'avez jamais goûté de poivre et que l'on parle de poivre, vous direz "je ne sais pas", mais pour la joie, personne n'ignore ce que c'est, elle est intrinsèque à l'Homme.

Même plus : La joie est tout ce que vous avez.

La joie est à la racine de vous-même.

La joie est la vibration qui élève la matière à l'instant solaire.
La joie est la vibration qui transforme l'inerte en vivant.
La joie est la circulation de la vie. Pure jouissance d'être.

Ôter d'un être humain la connaissance intime et innée de la joie, cela ne se peut pas. Pas plus que l'ôter d'un oiseau.

Vous prenez cette émotion comme une évidence, mais vous ne vous y attardez pas. Vous n'y regardez pas de plus près, ne cherchez pas à percevoir en vous-même ce qu'est cette émotion.

Vous étudiez tant de choses, mais un aspect aussi principal de votre vie, de votre monde, vous le tenez pour partie du paysage et n'y portez pas plus attention que cela.

Comme si vous étudiiez un lion sans prendre en compte qu'un sol le porte.

Lorsque vous êtes en joie, observez ce qui se passe en vous.

Généralement, la joie vous vient activée par un élément extérieur, un événement, l'obtention ou l'acquisition d'un objet.

Déjà à ce niveau de joie externe, vous constatez que vous vous sentez vivant, qu'il y a un rapport entre "en vie" et joyeux.

Une rivière qui coule est joyeuse, un oiseau qui vole est joyeux, la nature est joyeuse.

Vous recevez un cadeau, et votre paysage intérieur s'éclaire, le soleil est là et la vie en découle.

Le contraire de la joie est la contraction, la fermeture.

Certaines manifestations de la joie sont d'ouverture profonde, et peuvent ainsi apporter rires et larmes. »

La joie est interne, et sans cause

« Mais la joie n'est pas seulement en prise avec l'extérieur.

Un arbre calme et silencieux au milieu d'une prairie vide est pétri de joie. Percevez cela.

La joie jaillit de l'intérieur, sans cause : la plus grande ouverture est là, sans le moindre geste pour ouvrir.

Certains d'entre vous qui ont bien cheminé connaissent en eux-mêmes une joie libre, indépendante de tout élément externe.
Une joie non provoquée, la simple joie d'être, vous ouvrez les yeux et vous dites : merci d'exister.

La joie et le sentiment d'existence sont une seule et même chose.
La joie irrigue votre corps, la joie est l'énergie qui circule en vos veines.
Sans joie, pas de vie.

La joie, c'est de la lumière, une aube sans cesse renouvelée en chacune de vos cellules.

La joie cellulaire est une manifestation de la vie, de la vie qui coule en vos veines, qui coule en la sève des arbres.

La nature est pure joie, un orage comme un ciel clair sont faits de joie. Joie est synonyme de lumière.

Lorsque vous contactez la joie, vous êtes simplement en prise avec la vie.

Si votre vie était complète, elle serait uniquement faite de joie. Vivre joyeusement est ce à quoi sont destinés les humains. »

La joie ne peut être absente, mais vous la masquez

« Lorsque vous êtes triste, c'est un obscurcissement de la joie, comme un ciel de nuages est un obscurcissement du ciel bleu.

Il n'y a donc rien à faire ou à mériter ou à atteindre pour contacter ou obtenir la joie, la joie est ce que vous êtes, ce que vous êtes est la joie. Inutile de fabriquer ce qui vous fabrique.

Vous quittez la joie lorsque vous vous séparez de la vie, de la création, de l'être.

Vous vous marginalisez de la fête, sans pouvoir pourtant quitter la fête puisqu'il n'y a que la fête.

Vous êtes au milieu de la piste de danse avec un bandeau sur les yeux et les oreilles bouchées et la musique que vous parvenez à masquer, pourtant, provient de l'intérieur.

On n'est pas joyeux à propos de quelque chose, on n'est pas joyeux en se moquant, en raillant, en "vannant", on n'est pas joyeux en fêtant un succès : on est joyeux.

On est joyeux d'être.

On est joyeux seul ou avec les autres, mais notre joie est intérieure et n'a pas besoin des autres, ni pour jaillir ni pour être partagée.

L'autre n'a pas besoin de notre joie, il a la sienne, et ces deux joies sont les mêmes. La même musique de fête est en toute chose, crée toute chose de l'intérieur.

On ne propose pas un verre d'eau à une personne qui se baigne à côté de vous dans la rivière. Vous êtes faits de la même eau de joie.

La joie n'a pas besoin de démonstration de joie.

La joie est l'état naturel d'un être humain. La joie se trouve à l'intérieur et non à l'extérieur. Vous êtes parfois comme une bouteille de whisky se commandant un cocktail, comme un gâteau rêvant de sucre ou un grand ciel, d'air. »

La joie est corporelle

« La joie irrigue votre corps à un niveau profond et la joie est donc corporelle.

Vos corps de lumière sont faits de lumière et cette lumière est la joie.

Vous êtes physiquement fait de joie.

Lumière, couleurs chatoyantes, ceci est votre vibration et ceci se nomme aussi la joie.

Ces corps de joie qui sont en dessous, ou en profondeur par rapport à votre corps physique, le sous-tendent et l'irriguent. En vous connectant mieux à vos corps de lumière, vous ramenez la joie de votre lumière en votre corps physique. Vous ramenez cette joie en vos cellules.

Dans une feuille de salade fraîche, dans un fruit fraîchement cueilli, dans une gorgée d'eau vivante qui jaillit de la rivière, il y a de la joie, de la vitalité, de la luminosité, de la haute vibration, de la pulsation de vie, et cette joie se communique au corps physique, vous pouvez la nommer nourriture, vitalité, puissance, légèreté. Rire.

Ainsi, la joie de votre corps se nourrit à la joie du monde.
La joie se connecte à la joie. »

La joie s'expérimente et se retrouve partout

« La vie est joyeuse, la vie reconnaît sa propre joie quand elle se reconnaît elle-même : face à un coucher de soleil, un beau paysage, dans les yeux d'un ami, en marchant dans la nature, auprès de l'eau, vous contactez la jubilation du vivant, ce qui est contempler votre propre jubilation, vous reconnaître.

Lorsque vous observez quelque chose et que cela vous fait vivre une émotion, quelle qu'elle soit, vous êtes en train de vous reconnaître en tel ou tel aspect de vous, et cela vous fait vivre une émotion.
Ne rejetez jamais ce que vous observez, car ceci est vous.

Nous pourrions continuer longtemps à vous parler de la joie, mais c'est vous montrer la joie à l'extérieur, et nous voulons vous la montrer à l'intérieur.

Aussi, nous vous proposons simplement d'expérimenter votre respiration en la nommant "joie de l'air qui entre et sort de mes poumons",

à expérimenter votre cœur qui bat en nommant cela "joie du cœur qui bat",

à ressentir votre flux sanguin en le nommant "joie de la vie en moi",

à sentir l'air de la brise sur votre peau, et la nommant "joie de l'air sur ma peau", et ainsi de suite avec tout ce que vous vivez du contact avec la vie.

Laissez tomber l'idée de la joie du fond de votre poche, par un petit trou que nous aurions nous-mêmes percé, et ramassez sur le chemin mille graines, petits cailloux, brindilles craquantes et trébuchements joyeux. »

Pour soi comme pour l'autre, le retour à la joie est un acte d'amour et de lucidité

« Sur le chemin vers la joie, vous trouverez l'amour et la gratitude.

L'amour et la gratitude sont de l'ouverture, sont de la détente, sont de l'acceptation, et de cette détente naît que vous ressentez mieux votre lien à la vie, et votre joie.

Il n'y a pas de raison de ne pas connaître la joie dans une vie humaine.

Ne considérez jamais qu'une personne qui ne vit pas la joie subit quelque élément extérieur qui l'en empêche, considérez simplement que sur son parcours, cette personne a choisi de se masquer à elle-même sa propre joie, pour mieux la redécouvrir par la suite, et laissez-la dans son parcours à l'aveugle, laissez-la à son chemin de retour vers la joie, dont vous ne connaissez aucun des méandres ni des passages obligés, et que vous ne feriez que perturber en voulant l'accélérer.

Laissez le jeu se dérouler jusqu'au moment où l'enfant arrache son bandeau et redécouvre la lumière, et cligne des yeux, et rit, tout l'intérêt est là.

Vous ne pouvez rien faire pour l'autre, vous pouvez simplement vous reconnecter à votre propre joie, et cela est une vibration puissante qui aide l'autre à recontacter la sienne, qui lui signale à nouveau quel est son propre chemin. Comme la première luciole qui s'allume dans la forêt en annonce des milliers d'autres.

Ne tentez jamais de dissimuler votre joie parce que l'autre apparaît triste, votre joie ne pourra jamais faire de mal à personne si c'est vraiment de la joie sans objet.

Vous vous faites du mal les uns aux autres en comparant des objets, ce qui fait résonner mutuellement votre manque.
Si votre joie est véritablement dans cette montre ou cette voiture, ce sera une joie intérieure, elle se partagera naturellement avec les autres, ce sera une manifestation de votre joie, pas une démonstration.
Mais s'il vous vient de surenchérir, de guetter des réactions, d'envier, de chercher à faire la preuve de vous-même au travers d'un objet, alors c'est une fausse joie, et elle sera sans durée, vous devrez sans cesse renouveler l'objet.

En manifestant votre joie interne, cellulaire, votre lumière, en vous promenant avec votre ciel bleu, vous révélez le ciel bleu de l'autre.

Il sera éventuellement en colère de vous voir manifester, pour vous-même, votre joie, et de ne pas la dissimuler devant lui.

Mais s'il préfère maintenir sa propre grisaille, dites-vous que cela est sur son chemin une étape nécessaire, qu'il joue à colin-maillard, cherchant à se reconnaître lui-même en tâtonnant vers l'autre.

Tout mouvement, tout jeu, incluant toute tristesse, toute cécité momentanée, a lieu au sein du jardin de la vie.

La joie est la racine de vous-même.

Être joyeux, c'est se rappeler de Soi.

La joie est la jubilation du vivant. »

Oh vague, roule-moi, et ne me laisse que d'écume.

Je marche…

Je marche dans la rue, pour aller d'un point à un autre…

Je suis ce point d'observation mouvant dans le mouvement du monde.

J'avance et des voitures avancent,
je marche et des magasins ouvrent,
autour de moi chaque passant observe aussi
le monde, depuis sa propre fenêtre.

Symphonie de consciences simultanées, humanité.

Je marche… Une chaise libre en terrasse, il fait soleil…

Une chaise pour moi, une table pour moi, une boisson.
Le moment de faire silence dans le bruit de l'avenue,
pause dans la clameur de la ville.

De part et d'autre de ma tranquillité, les voitures, les vélos arrivent
et s'éloignent,
probablement font-ils le tour de la Terre et repassent, je demeure.

Je suis au centre de l'horloge, le temps se déroule autour de moi,
des histoires se racontent, des décisions se prennent, je demeure.

Bientôt, peut-être, à mon tour, je me lèverai et retournerai
penser, parler, agir, mais je conserverai en moi le souvenir
vivant de la pause qui illuminera mon action.

Je marche… Je me demande de quoi le monde est fait ?

Il n'est pas fait. Il est. Rien ne le constitue. C'est lui qui constitue.

Je marche… Ma journée ne se passe pas comme je l'espérais…

Comme deux rangée de colonnes et de statues, mes espoirs m'observent de part et d'autre de l'avenue.

Certains endroits du marbre sont fissurés, il manque là une oreille, là un nez, de petits bouts de pierre ont chuté.

Pourtant, je continue de marcher.

Un peu plus loin, ce ne sont plus les constructions des hommes, mais de simples arbres qui bordent l'allée.

Puis plus rien, quelques fleurs.

Encore un pas ou deux et juste un filet d'air m'accompagne, un rayon de soleil oblique, dans une plaine ouverte et sans chemin tracé.

J'hésite à revenir en arrière, mais mon corps ne me demande pas mon avis, une grande détente m'a gagné.

C'est un parfum qui me guide, parfum de paix, parfum de joie, d'éternité.

Je marche… Je sens que mon bonheur, c'est…

De ne plus rien savoir,
de ne plus rien vouloir ni désirer,
de ne plus rien avoir,
d'aimer chaque instant, chaque chose et chaque être,
sans que cet amour ne puisse m'être retiré.

Je marche… La réponse à toutes les questions que je me pose est simple…

La seule chose qui réponde à toute question est l'amour. La seule réponse qui vaille.

Pas l'amour que l'on a pour une chose ou un être que l'on croit posséder, mais l'amour que l'on est.

Pourquoi…

Pourquoi on n'est jamais satisfait ?

Prenez votre mal en patience.

Pourquoi est-on négatif ?

Plaisir masturbatoire.

Pourquoi a-t-on envie de reconnaissance ?

À force de croire que l'on gît dans le caniveau,
à force de se croire si loin de la Lune,
et distinct du Soleil,
à force d'ignorer la gloire qui irrigue notre être,
à force de se croire pauvre et ignorant,
on devient pauvre et ignorant.
Il nous faut alors compenser,
on a envie d'amour, on a envie de reconnaissance :
Cette beauté et cette grandeur que l'on est pourtant,
mais que l'on a oubliées en soi, on les cherche ailleurs.
Mais quelque piédestal sur lequel on monte, on en chutera toujours,
car la seule gloire est nous, et il n'en faut nulle preuve.

Pourquoi la souffrance existe-t-elle ?

Lorsque deux pièces de métal frottent l'une contre l'autre, elles chauffent.
On appelle ça souffrance.
Lorsque deux pensées frottent et se contredisent, la souffrance vient pour nous le dire.
La souffrance nous aide. Nous aide à reconsidérer nos choix, nos postures,
à prendre conscience de nos tensions et à les abandonner.
La souffrance est notre alliée, elle manifeste nos frontières pour les redessiner.

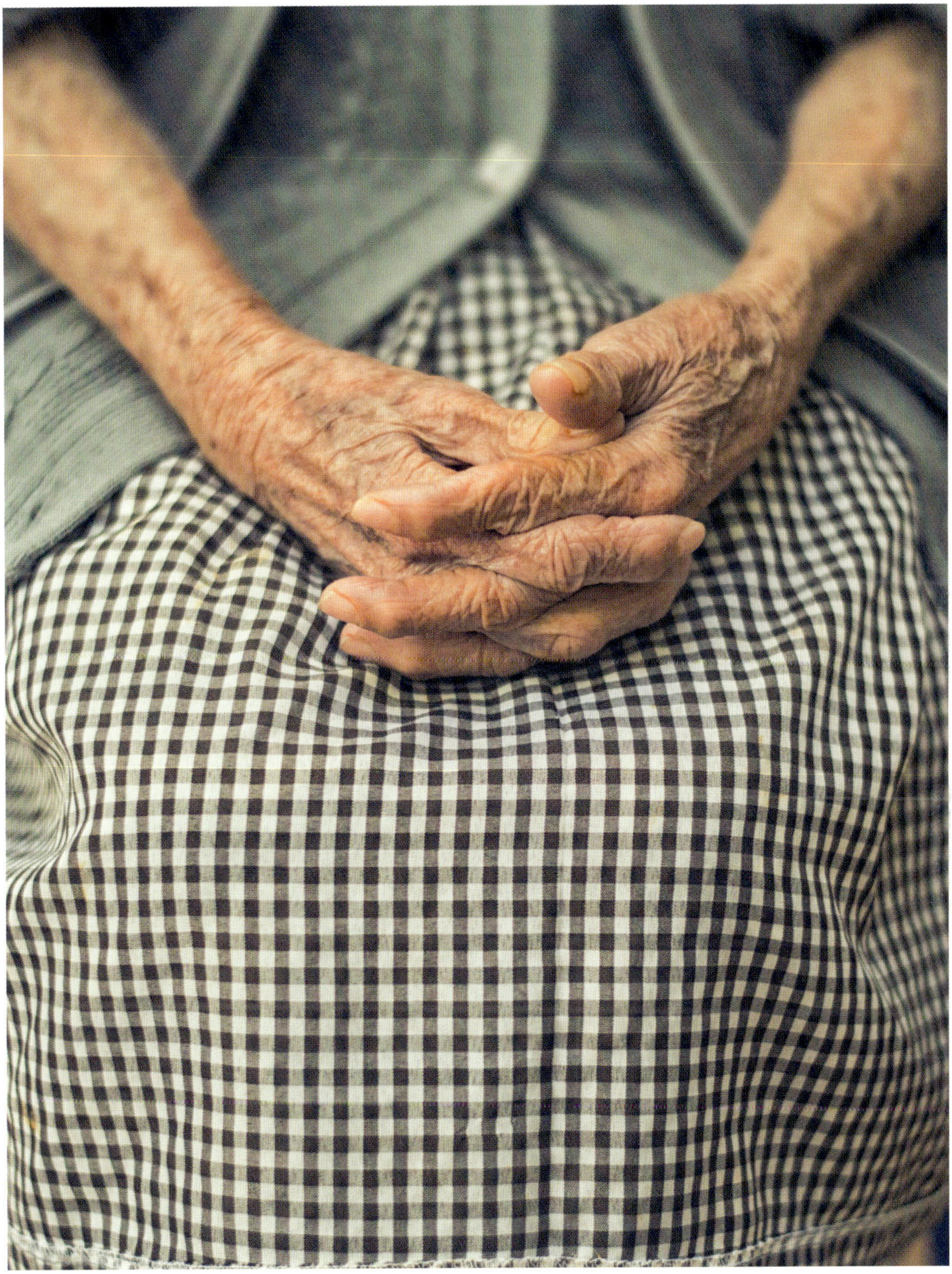

Une caresse, sur une caresse, sur une caresse,
À la fin, c'est un chemin.

Comment…

Comment être heureux ?

Cher oiseau, pose-toi sur une branche et trouve-toi bien,
ou renvole-toi. Juste à côté. Plus loin.

Où chanteras-tu le mieux ?

Quelle serait pour toi la plus belle branche ?

Vraiment, je t'en prie, si tu te trouves malheureux sur cette branche-là,
ne cherche pas comment y être heureux, mais où ailleurs offrir ton chant.

Là où tu te sentiras si bien qu'il sera détendu et pur.

Trouve le plus bel arbre, et si tu ne trouves pas,
croise plusieurs graines et invente un nouvel arbre, ton arbre.

Tu sauras que tu as trouvé ton arbre, car tu seras heureux.

Je saurai que tu es heureux, car je t'entendrai chanter un chant
à nul autre pareil, et toute la nature avec moi.

Comment être heureux au travail ?

Vous êtes votre seul diapason.

Le plus haut diapason qui soit.

Vous serez heureux au travail si ce travail est vous.

Qu'est-ce qui est le plus responsable ?

Se forcer, se mentir, pour tout un tas de raisons apparemment objectives ?
Ou cheminer humblement, patiemment et courageusement,
pour trouver comment offrir au monde ce que vous êtes,
sous forme d'un travail qui transmettra au monde votre bonheur ?

Si vous n'êtes pas heureux au travail,
cherchez-en la cause et transformez-la.

Comment faire face au harcèlement ?

Si vous déterminez ce que cette situation vous invite à transformer chez vous, vous aurez trouvé la seule façon de faire face au harcèlement : se transformer soi-même.

Ne perdez pas votre temps à accuser ou blâmer l'autre, laissez-le à ses propres enjeux.

Une piste : quelle estime avez-vous de vous-même ?

Qu'est-ce qui…

Qu'est-ce qui a vraiment de l'importance ?

Foutez-vous-en !

Qu'est-ce qui est élégant ?

Sans fard.

Qu'est-ce qui est juste dans la vie ?

La même note, au bout d'un certain temps.

Qu'est-ce qui est sacré ?

Qu'est-ce qui ne l'est pas ?

Qu'est-ce qui est de la plus grande utilité ?

Avancer pas à pas, sans savoir, sans évaluer.
Tomber aussi.

Avancez encore d'un pas quand vous croyez tout fini,
que vous vous sentez perdu,

La trame du monde vous échappe ?
Elle ne se révèle qu'après coup,

Mais où que vous soyez, elle s'accorde à l'infini.

Pensées pour vous (à emporter)...

Le soleil a laissé place à des nuages sombres dans le ciel, je me dis que...

c'est parfois le temps d'un orage,
d'une rafale de vent soudaine au milieu des papiers rangés,
le moment de laisser ses lacets défaits,
de renverser la statue sur la table et de dessiner sur les murs,
de mélanger les crayons de couleur en évitant les associations harmonieuses.
Aujourd'hui, je mange avec les doigts et je vise à côté de la poubelle,
je commence par le dessert et je mets la fourchette à droite,
je laisse le lit défait,
et je dors sur le tapis en chantant la chanson de la sorcière,
pour qu'elle sorte quelques instants du placard à balais.

Il y a des jours, quand rien ne va plus...

Je m'autorise à rester les mains croisées sur ma poitrine, dans mon lit.
Je m'autorise à ce que cela soit mon art, ne plus rien faire devient mon aventure.
À cet instant, je suis un être souverain, entre oreiller gardien
et couette sentinelle.

Mon voyage est immobile, et j'ai en mon cœur tous les points cardinaux.

Levez les yeux de ce livre... ne gardez que cette phrase en vous...

À califourchon sur un violon je vole, je parcours les continents,
j'ai reçu le Soleil en mission de quelque Dieu bienveillant :

c'est ma fonction, je le donne, à chaque nouveau passant.

Comment trouver du temps pour soi ?

Quand l'agenda déborde du téléphone et remplit la maison,

qu'il dessine des cases partout, range le temps dans des tiroirs,
découpe toute la journée,
il va falloir lui dire de retourner au panier,
lâcher un jeune chien fou dans le calendrier pour qu'il déchire des pages,
laisser déborder les verres d'eau,
s'échapper la vapeur avant que les pommes ne soient cuites,
il va falloir désactiver les alertes,
réintroduire la folie,
claquer deux ou trois portes,
organiser la désorganisation,
oui, car enfin qui est le roi, mon agenda ou moi ?

Quand je ne suis pas d'accord avec ce qu'on me dit, j'ai du mal à rester calme, alors…

Je prends une grappe de grains de raisin et je les sème un à un dans le jardin,
je pédale debout sur un vélo d'enfant,
je mets mon nez rouge et je récite le dictionnaire au chat,
je me prépare une tisane aux feuilles de détentoi,
j'invente une prière au grand caméléon,
je respire douze, dix-sept, ou quarante fois à fond,
et puis enfin,
je laisse sortir tout ce que j'ai à dire.

J'ai mis une petite plante dans un pot, je l'arrose, je la regarde tous les jours et…

Le matin quand je pars elle est là, immobile,
Le soir quand je rentre elle est là, immobile,
Je ne la vois pas pousser et pourtant elle grandit,
Au rythme du temps immobile et qui passe,
À l'unisson du silence.
Assis dans le jardin, par foi, je fais de même.

Si vous regardez autrement les mots de cette page…

Chaque objet a de multiples usages.
La cuiller à café est une petite fusée,
le grand cendrier vide, une maison pour clés,
la paire de chaussettes en boule, une balle pour jouer,

un drap sur l'étendoir à linge, et une cabane est là.
Les mots de cette page aussi jouent, dansent, il suffit de les laisser entrer,
un à un par la porte des yeux,
ou bien celle des oreilles,
certains peuvent entrer par le nez,
une sensation sur la peau.
Ils sont là maintenant à l'intérieur de moi,
advienne que pourra.

Je m'accorde une pause, un chocolat, une lecture, rien que pour moi, ou vous l'offrir. Et...

Chacun de ces petits gestes pour moi, pour vous,
petite chose drôle ou touchante, parole de coton, objet de plume, pas de côté,
nous apaise et nous régénère, met nos tensions à la sieste,
nous ouvre et nous réjouit, comme un enfant saute sur place à l'heure des vacances, bras en l'air, cœur haut.

Je lis et je me sens plus calme.

Cet état de tranquillité va-t-il se poursuivre une fois les pages refermées ?
Ce monde est fait de mouvements : je peux choisir
un beau fruit dans la corbeille, instant sucré,
puis aller de-ci de-là, ensuite y revenir, la corbeille m'attendra.
L'essentiel est de constater que cette corbeille de fruits
est en moi : cette douceur est moi, je puis toujours m'y nourrir.
Réhabiliter le calme, la paix, consiste à puiser au fond de soi-même un beau fruit et à le déguster.

Machinalement, je sors le téléphone de ma poche, attendant quoi ?

Petit instant béquille, car si l'on pense à moi,
moi qui doute je reprends espoir :
peut-être par chance une bonne nouvelle, juste un sourire ?
Comme on mange un chocolat parfois, juste pour se rassurer
avec un goût sucré, comme la plante verte reçoit de l'eau, merci.
Et si je m'envoyais des messages, de temps en temps dans la journée,
juste comme ça dans mon cœur. Coucou. Je t'aime. Je pense à toi.

J'aimerais changer de vie, alors...

Avec délicatesse je regarde ma maison.
Mon plancher témoin de mes pas, mon plafond complice de mes pensées.
Si je marche jusqu'au fond du couloir, je vais y retrouver
mes déguisements, pardessus et chaussures, habits des habitudes.
Mais c'est le jeu d'échecs sur la table du salon qui me lance
les signes du renouveau :
« Tu veux changer ?
Sacrifie la Reine de tes peurs.
Sois ton Cavalier et ose te déplacer de côté.
Quitte ta Tour et joue au Fou, il n'est jamais très loin du Roi. »

Si quelqu'un me crie dessus, je...

lui jette la balle du chat pour qu'il s'énerve un peu avec,
ou quelque jouet d'enfant qui l'occupe à part moi,
peut-être un tube de colle, des ciseaux, quelques gommettes
et une pile de magazines pour qu'il découpe et réassemble à sa guise,
mais surtout, surtout, je le laisse jouer tout seul...
à moins que j'aime aussi ce jeu-là.

Et si vous vous arrêtiez un instant, là, maintenant...

Aujourd'hui je n'ai pas l'énergie de faire, pas même de dire ou de penser.
Je laisse le monde se dérouler.
Assis ici ou là, je demeure. J'ouvre ce livre ou je pose seulement la main dessus.
Des mots et des images s'adressent à moi
et me murmurent droit au cœur un message de repos.
Je ne sais pas comment ça marche, mais oui je me détends.
J'accepte de recevoir une onde de douceur.
Je me blottis dans un tout petit texte qui m'a ouvert les bras.
J'y reste tant que je veux. Comme un papillon dans une fleur.

Quelqu'un vous insulte, vous agresse...

La tempête est là et bataille autour de vous, bourrasque après bourrasque.
Hors de question de plier, vous répondez par de grands gestes et vous criez.
Mais la logique du vent est la plus forte et renchérit sur tous vos décibels.
Vous hésitez à devenir vous-même une tornade, à déraciner quelques arbres
et à retourner la terre du jardin, vous arracheriez même un ou deux toits.

Pourtant, vous le savez, la loi immuable des perturbations fait succéder le calme à tout acharnement : soudain, vous décidez de sauter cette étape de guerre et vous allez directement à la paix.

Quelque chose alors se dénoue, vos pas vous emmènent ailleurs, ou bien le vent s'est tu. Obéissant à votre inflexion intérieure, la météo vous est maintenant favorable.

Aux informations, rien qui vaille d'avoir le sourire, alors...

Au milieu d'un flux de mots, qui jacassent et qui soupirent, je souffre,
je suis tendu.
Mais aujourd'hui non.
Plutôt la paix.
Je remplace mes pensées anxieuses par des pensées d'encouragement
et de confiance.
Je remplace mes pies et mes corbeaux par des pinsons, mésanges
et petits ducs.
Moi l'abeille, je butine des fleurs plutôt que des chardons.

Tiens, je me dis... Faut-il toujours pardonner ?

Chaque matin, pour le petit déjeuner, avec un verre de jus d'orange,
je me donne du Je t'aime.
Chaque midi, comme déjeuner, avec un verre de vin blanc,
je m'offre un grand merci.
Et chaque dîner je me pardonne,
avec un grand verre d'eau :
Je me nourris de mon pardon,
intime et essentiel cadeau, énergie lumineuse, douceur, pure vitalité.
En amont de ma nuit,
en amont de mes rêves,
en amont de ma relation aux autres,
pardon,
comme un dessert à partager.

Doux amis, écoulez-vous.

Passez et ne retenez rien, car d'un matin à l'autre, seule la grâce demeure,
la voyez-vous ?

Taisez-vous, que votre clocher émerge ; baisez le sol, que votre brume se disperse ;
prenez votre cœur et jetez-le au ciel, il en fera l'azur, puis vous demeurerez là, tout le jour.

Le soleil-azur est votre cœur, il resplendit dans votre poitrine,
le sentez-vous ?

Une brume de paix parcourt vos veines et dit à chaque instant votre nom : Paix,
l'entendez-vous ?

Un vent presque indistinct, mais pourtant là, vous entraîne vers de nouvelles aventures,
l'accueillez-vous ?

Le jour vient, doux amis,

Aimez.

Ce que le fleuve dit à ce monde ?
Laissez-vous seulement porter.

Ce que l'air dit à ce monde ?
Votre souffle m'appartient, rendez-le.

Ce que la fumée dit à ce monde ?
À condition de disparaître, vous apparaissez.

La sagesse de la bougie

Vous regardez la bougie et la bougie vous regarde.

Cet aller-retour, au bout de douze mille ans, est devenu un trait de feu.

Douze mille ans ? Tant d'années ont passé ?

Vous regardiez simplement la bougie, et maintenant,

Recommencez.

Au début, il y avait le vent

Il prit l'homme par la main et le mena en haut de la colline.
« Vole ! » dit le vent, et l'homme s'élança.
« Je ne sais pas voler, mais je m'en fiche », dit l'homme, et il vola.
À croiser le premier nuage, il dit : « Nuage, apprends-moi à mieux voler. »
« Crois-tu que je sache voler ? dit le nuage. Je suis le nuage, et si tu dis que je vole, moi je ne fais rien pour cela. »
L'homme se demandait maintenant comment faire, par où aller, il avait peur de tomber.
« Sol, dit l'homme, me rattraperas-tu ? »
Le sol ne répondit pas, mais il disposa des arbres, et de la mousse, et l'homme tomba dans une douceur inimaginable.
« Je ne veux pas renoncer ainsi à ma peur, à ma parole, à ma pensée, dit l'homme, je sais que je ne sais pas bien voler. »
« Tu ne sais pas grand-chose », dirent la mousse, les arbres et deux ou trois papillons, en vol stationnaire, qui le regardaient s'agiter.
Alors, la terre trembla, et l'homme fut absorbé dans le sol. Il traversa des strates de roches, des masses de terre et d'eau, sentit des variations de température et de pression, émergea dans une grotte.
Il avait peur du noir et de l'humidité, se demandait comment remonter, il repensait à son intérieur confortable, à son canapé et à sa télé.
« Rêve ! dit-il. Cesse et ramène-moi à la vie. »
Aussitôt, les parois se rapprochèrent et l'eau monta, l'homme se débattit et lutta.
« Mort ! dit-il. Épargne-moi. »
« Pourquoi t'épargnerais-je ? dit la mort. Comment renaîtrais-tu sans moi ? Veux-tu demeurer ainsi, pesant et bavard, si loin de ta foi ? »
« En quoi aurais-je donc foi ? » dit l'homme.

« Tu ne peux qu'avoir foi en toi, dit la mort, il n'y a que tes propres bras, mais ils sont si vaillants, si puissants, et d'une morale si élevée que tu ne peux les imaginer tiens. »
« Montre-moi qui je suis », dit l'homme.
Alors, la montagne s'ouvrit, et l'homme se retrouva dans un berceau, entouré de comptines et d'une ribambelle de peluches.
« Non, ce n'est pas cela », dit l'homme, et il se redressa.
L'homme sortit de son berceau, jeta jouets et parures d'enfant, jaillit dans la cité, nu.
D'autres hommes le regardaient avec curiosité, avec envie, et beaucoup de jugements.
L'homme les regarda, contempla les tours, les avenues perpendiculaires, puis, il préféra s'envoler.
« Je ne sais pas voler, dit-il, mais je m'en fiche. »

Et il vola, sans plus chercher à savoir voler.

Et il vola.

Vous qui allez vite, qui allez quelque part,
vous qui semblez savoir,

Vous qui craignez le lointain, imaginez le pire,
vous qui vous croyez minuscule,

Baignez-vous en votre eau intérieure,
la même qui là-bas rugit ou dort,
et fort de votre propre force,
abandonnez-vous.

C'est quoi...

C'est quoi, l'abondance ?

Ouvrir les bras.

C'est quoi, être authentique ?

S'ouvrir à soi.

C'est quoi, recevoir ?

Reconnaître que vous avez droit à tout.

C'est quoi, rêver ?

Caresser une idée pour s'endormir.

C'est quoi, la santé ?

Se respecter enfin.

C'est quoi, la sérénité ?

Ne plus fuir.

C'est quoi, le silence ?

La grâce est là.

Quel serait…

Quel serait mon meilleur repos ?

Me taire enfin.

Quelle serait ma meilleure pratique ?

Respirer lentement.

Quelle serait ma meilleure voie ?

Approuver l'expérience.
Dire oui.

Quelle serait ma meilleure discipline ?

De ne plus en avoir aucune sans en manquer pourtant.

Quelle serait ma plus belle audace ?

Me demander en mariage.

Quelle serait ma plus haute certitude ?

M'accepter en mariage.

Quelle serait ma plus belle élégance ?

Mon beau costume de peau.

Quelle serait la plus haute sagesse ?

Celle de ne plus savoir.

Quelle serait ma plus haute conscience ?

Embrasser l'Univers, dans tous ses aspects contraires, et m'y reconnaître un.

Quelle est ma plus haute force ?

M'appuyer sur les autres.

Quelle est ma plus haute force ?

M'appuyer sur moi-même.

Quelle serait ma plus haute simplicité ?

Accepter que je doute, et avancer pourtant.

Quelle serait ma plus belle spontanéité ?

M'offrir comme une fleur à chaque prochain passant.

Quelle est la plus haute vérité ?

Celle du dessus de la pile, malin.

Quelle doit être ma plus haute vigilance ?

Détends-toi plutôt, sot.

Quelle pourrait être ma matière première ?

La matière unique, existence.

Quelle serait ma plus haute vision ?

Du haut de la tour d'incontrôle.

Quelle serait ma manière de montrer le chemin ?

Rester sagement assis.

Ébloui de cristal, dans le lac,
assouvi de santal, dans le lac,
je me baigne.

Votre axe

L’arbre parlait d’éternité, il disait…

« Cher ami, une remarque nécessaire en notre époque tourmentée.

Vous croyez, au vu des événements extérieurs, que la vie est nécessairement heurtée et risquée, que l’avenir sera probablement difficile, mais cela est un regard sur l’extérieur, et c’est de ce regard inquiet sur l’extérieur, vers un regard confiant vers l’intérieur, que nous, peuples de la nature, vous demandons d’évoluer.

En vérité, vous vous demandez cela à vous-même, et la race humaine n’a d’autre choix d’évolution.
Vous êtes comme un arbre tourmenté, ne sachant plus quelle est sa forme, qui s’éparpille vers l’extérieur et se repique ici et là sans plus savoir d’où il vient.

Vers l’extérieur, vous trouvez momentanément des objets utiles, jouissifs, rassurants, ou au contraire inquiétants, souffrants.

Vers l’intérieur, vous trouverez seulement la paix.

Vous êtes comme une toupie cherchant à rétablir son équilibre en ajoutant sans cesse de nouveaux objets à leur pourtour.
L’équilibre, la stabilité, ne se trouvent qu’à partir de son axe, et l’axe est ce qui est le plus à l’intérieur.

La paix, en vous, vous doutez de l’y trouver, car cela ne correspond pas encore à votre expérience suffisamment renouvelée, mais peu à peu, à force de développer ce réflexe d’intériorité, d’appeler vers le dedans, d’y découvrir l’amour que vous êtes et de jouir de cet amour, naîtra une reconnaissance qui prendra le

pas sur votre errance externe, et vous vivrez tout ce que vous vivrez à l'extérieur mais en contact intérieur, et cela changera radicalement la façon dont vous fabriquez cet extérieur.
Une fois arrimés à votre centre, tournez, tournez, et ajoutez comme le potier autant de matière que vous voulez.

Car l'autre point majeur à transformer dans vos représentations est que vous vous croyez fabriqué par les événements, les rencontres, ce qui vous vient du dehors, alors que bien au contraire vous fabriquez ce dehors, tout ce qui vous y vient, à partir des idées que vous en avez et des perspectives que vous tracez sur vous-même.

Votre réalité, votre équilibre, votre expérience procèdent de votre axe, du point d'observation du monde que vous êtes, et ne sont assujettis à des souffles venus de l'extérieur que si vous avez perdu le vôtre.

Dans ce vaste champ hypnotique, la seule boussole qui vous rendra la liberté et la paix est la boussole intérieure.

Pour aujourd'hui, écoutez, creusez au-dedans, et dites-vous qu'à une certaine profondeur, s'y trouvent joie et paix, et que si ce n'est pas ce que vous sentez, il vous suffit de continuer à creuser. »

À ce point du monde, j'attends.
Je m'y rejoins dans un instant.

La symétrie du haut et du bas nous dit quelque chose,
mais quoi ?

L'émergence du bleu au sein du gris,
du gris en le noir et le blanc,
de la lumière en chaque couleur.

La venue des formes les unes vers les autres,
leurs danses.

Le mouvement et la stabilité,
qui ne sont qu'une seule et même chose prise
à un moment différent.

Les saisons en une année,
les heures en une journée,
chaque gouttelette de brume en son état passager.

La transformation permanente sur fond d'idéal :

Que peut-on vraiment distinguer, là où il n'y a qu'unité ?

Allons, ami, allons,
D'ici vers là,
Entre l'infini derrière et l'infini devant,
nos pas sont forcément grands.

Lune en son écrin.
Ciel posé dans une main.

Terre.

Prunelle immortelle,
toi qui regardes du dedans,
me vois-tu voir le soleil ?

Indiquer le chemin en soi :
le phare de l'intuition.

La nervure fine de ce tissage,
La structure frêle, le palissage, le réseau des cours d'eau,
Les reflets, l'épaisseur et l'ombre ;
En ta chair, feuille-peau, je m'écoute moi-même, dire :

Nous autres, qui existons à cet instant, sommes faits du même blanc.

Comment…

Comment être heureux ?

Avoir.
Mais il y a mieux : être.
Avoir est une réponse à la question du bonheur, être est la disparition de la question.

Comment surmonter l'échec ?

Il n'y a pas d'échec, il n'y a que l'idée de l'échec.

Comment vivre ensemble ?

Ensemble.

Comment pourrais-je me réchauffer le cœur ?

Tenez. Reçu ?

Comment avoir moins peur ?

Il n'est pas nécessairement problématique d'avoir peur, il est problématique d'obéir à la peur, de réagir à la peur en se fermant.
Se fermer est un problème, vous vous coupez du monde, de l'information, de l'Univers, de vous.
Se victimiser est un problème, vous perdez foi en vous, en votre souveraineté.
Du point de vue de l'âme, avoir peur, être en colère,
tout cela est nécessaire au chemin.
C'est la manière dont vous y réagissez, ce que vous en faites qui compte.
Plus vous acceptez cette peur comme l'indication que vous acceptez l'aventure,
que vous êtes donc sur votre chemin initiatique,
que vous faites donc bonne route,
et que vous comprenez que la peur est aussi une indication vous permettant de doser votre action,

de ne pas vous tromper,
d'être humble,
de mesurer votre courage,
alors vous vous réappropriez la peur.
Vous n'avez plus peur d'avoir peur, vous vous servez de la peur.
Ce qui compte est donc d'avoir moins peur d'avoir peur.

Comment puis-je être calme ?

Restez excité si vous voulez.

Comment c'est, juste après la mort ?

Comme avant la naissance, simplement détendu.

Comment c'est, juste avant de naître ?

Comme après la mort.
Doux, plein, souverain, heureux, sans enjeux,
sans idées ni concepts, simplement détendu.

Comment c'est, être illuminé ?

Simplement détendu, infiniment détendu.

Comment trouver ma mission ?

Laissez votre mission vous trouver.

Comment devenir patient ?

Vous croyez devoir accélérer, décélérez.
C'est le moment de frôler la panne des sens.

Comment être en paix ?

La seule paix pour vous est vous.
La paix n'est qu'à l'intérieur et c'est la cessation totale de la lutte.
On ne lutte que contre soi ; on n'est en paix qu'en soi.

Comment être optimiste ?

Prenez votre palette, nettoyez vos pinceaux,
redistribuez la couleur sur votre ancien tableau.

De quoi peut-on être optimiste ?

De sa propre rencontre. De son autoportrait, sans cesse épuré.

Comment se sentir en sécurité ?

Votre plus haute sécurité, c'est vous.
Vous êtes un château fort total, absolu, souverain.
Il est sans murs. Sans clés. Sans douves autour de vous. Sans pont levis.
Sans tours de guet. Sans meurtrières. Sans gardes.
Parce que vous êtes ouvert, vous êtes imprenable.

Comment c'est, juste avant de naître ?

Plein de promesses.

Comment devenir patient ?

Patiemment.

Comme comprendre simplement que l'Univers est un ?

Il faut voir à travers les nuages.

L'épaisseur du trait,
par lequel Dieu me dessine.

L'épaisseur du trait,
par lequel Dieu se dessine.

En passant mon bras au travers des nuages,
je me saisis moi-même là-bas,
et me ramène ici.

Puis, relâchant ma prise, je me laisse repartir,
oiseau traversant une porte lumineuse et mouvante,
ça y est, je suis à nouveau là-bas.

Mais mon regard m'a suivi,
là-bas est maintenant ici,
et je recommence à l'envers.

Cela n'a duré qu'un instant.

Pensées pour vous (à emporter)...

Cela fait des années que je rêve de partir en voyage...

Des années que la corbeille de fruits est là, mais je n'en mange aucun,
des années que mes dessins d'enfant s'estompent,
des années que j'attends de pouvoir me dire merci du cadeau d'un voyage.
À toi dès aujourd'hui je dis merci, mon rêve,
merci de ne pas me quitter, merci de ta patience,
merci de la note joyeuse que tu mets dans ma vie,
quelles que soient mes raisons de tarder.

Si j'avais un peu d'imagination aujourd'hui,

je sortirais de mon bocal pour devenir un poisson volant,
j'ajouterais une couleur à l'arc-en-ciel, bleu-cerise,
je trouverais ce langage silencieux qui sous-tend toutes les langues du monde
et permettrait de converser sans en passer par des phrases, de cœur à cœur,
d'âme à âme,
j'inventerais un nouveau livre qui révélerait qu'à l'origine du monde,
l'homme était un beau perroquet blanc, un poisson-lune et un arbre
aux milles branches, ou qu'il était papillon, qu'il avait des ailes,
la preuve en est que la nuit, en rêve, il vole.

Et si je perds mon travail, et si je tombe malade, et si mon amour me quitte, et si...

De vieilles épices au goût aigre, dans le placard de la cuisine, je les jette.
Une écharpe d'inquiétude me serre au cou, je la jette.
Des corsets surannés, des soutiens-gorge à baleine, trois tiroirs de ceintures
et quatre de bretelles, tout un placard de costumes oppressants, je les jette.
Un bon million d'idées inquiètes, je les jette.
Et si le courage tombe de ma poche, je le ramasse.

Mettre une musique qu'on aime, commencer à danser, peu importe l'endroit…

Un disque que j'ignorais posséder a glissé de l'étagère,
atterri sur une tasse de thé où il s'est mis à tourner,
une musique étrange et sacrée a envahi la maison.
Nous sommes sortis soudain des chambres à moitié nus,
qui le pantalon mis, qui une chaussette passée,
juste un chapeau sur la tête ou une chemise à l'envers,
et comme nos esprits étaient restés sagement sur l'oreiller,
nos corps ont dansé en liberté : c'était sauvage et gracieux,
noble, infiniment détendu.
Cela n'est pas un rêve, mais une prémonition.

Boire un verre d'eau, je le fais sans y penser, et pourtant…

Une cascade d'eau descend ma gorge,
une colonne d'air sort par mon nez,
des flux de sang parcourent mon corps,
et pendant ce temps-là,
rivière, ciel et mer de concert,
circulation de lumière dans l'Univers :
Un seul mouvement.

Comment ?

Comment peut-on s'aimer mieux ?

Miroir mon beau miroir, je te brise à jamais.
Il faut s'aimer de l'intérieur, et non chercher à aimer son reflet.
S'aimer de l'intérieur ? Il ne faut pas le faire, plutôt le recevoir, et l'accepter.

Comment avoir moins peur ?

Au bout d'un certain temps, vous en avez marre de la peur, et vous décidez de ne plus l'écouter.
La peur est comme le maître chanteur, si vous l'écoutez, elle vous en demandera toujours plus. Plus de protection, de sécurité, plus de repli et de méfiance, plus de menaces.
La peur engendre la peur et vous crée des problèmes... qui vous font peur, et vous vous contractez encore plus.
Votre contraction fait peur à la vie qui s'éloigne de vous.
Pour en finir avec le maître chanteur, il n'y a qu'une solution : acceptez toutes ses menaces.
Acceptez de souffrir, acceptez de perdre, acceptez d'être malade.
Acceptez votre peur.
L'acceptation est un pouvoir.
Le maître chanteur perdra autorité sur vous et il s'éloignera.
Faites le choix de la confiance, plutôt que de la défiance, et vous vivrez heureux.

Comment se sentir humain encore mieux ?

Ouvrir son cœur, il n'y a que cette voie-là.

Comment être heureux ?

Cessez de vous plaindre. Ouvrez les yeux.
Voyez que le beau est partout et vous attend.

Comment se donner des instants de joie chaque jour ?

Pleurez quand vous pleurez. Soyez joyeux quand vous êtes joyeux.
Un jour vous découvrirez que même quand vous pleurez,
en dessous vous êtes joyeux.

Comment surmonter l'échec ?

Il faut échouer pour apprendre, il le faut.
Et il faut apprendre pour être heureux, car nous sommes faits pour cela.
L'échec est un cadeau.
Un cadeau difficile, qu'on ne comprend pas tout de suite.
Demandez-vous toujours : à quoi me sert cet échec ? Qu'est-ce qu'il me force à changer en moi ?
Il est où, le cadeau ?

Comment vivre ensemble ?

À tâtons.

Un peuple de sapins s'avance,
Immobile,
et acclame en silence,
le feu.

Comment aider les autres ?

Aider les autres comme un projet n'a pas de sens, on ne peut rien pour eux, on ne peut que s'aider soi-même et répondre à la demande des autres s'ils nous la font. Jamais l'anticiper. Jamais la remplacer. Jamais la désirer. Jamais l'utiliser pour nous cacher. Pour nous donner un beau rôle.
Nous pouvons estimer infiniment l'autre, fût-il notre fils, notre sœur ou un parent, au point de lui laisser intégralement son chemin, et, nous assurant avant tout de nos propres pas, rester disponible à ses demandes sans rien désirer pour lui.
Ce n'est jamais aider les autres que de précéder leur demande.
Les aimer, et rester disponible, cela est les aider.

Comment vous aider vous-même ?

Décidez ce que vous voulez pour vous, ce que vous allez transformer.
Ressentez-le et faites-le.
Personne ne le fera pour vous, mais une présence attentive et vivante, précieuse et vivifiante, profondément aimante, vous accompagnera à chaque pas.

Comment aider les autres ?

Aimez sans cesse votre propre graine.

Oui, là, vraiment, il ne nous manque rien.
Il faut le dire, le direz-vous ?

Il ne nous manque rien.

Le lâcher-prise

L'oiseau chantait l'infini et l'arbre parlait d'éternité, ensemble ils disaient…

« Et si vous vous dirigiez vers une meilleure prise de conscience de ce qu'est le lâcher-prise ?

Non pas l'idée, mais la sensation interne, corporelle et énergétique, de ce que signifie lâcher prise.

Si comme un peintre, vous aviez en permanence cette couleur à votre palette ?
Comme un joueur, cette carte dans votre main prête à jouer ?

Pour cela, nous vous invitons à regarder comment vous maîtrisez en permanence votre attitude corporelle et mentale, en vue de correspondre au moule sur lequel vous avez été formé.

Cette maîtrise agit en vous comme un tuteur rigide dont vous avez oublié la présence. Un tuteur mêlé à votre chair depuis si longtemps que vous croyez qu'il est vous.
Ces mouvements de votre tronc et de vos branches, induits par cette forme, vous y voyez vos propres gestes. Cette voix fabriquée en vous sur un registre d'intonations adéquates, vous y voyez votre chant, et vous dites : c'est ma personnalité.

Femmes et hommes de ce monde, vous n'ignorez pas les milliers de remarques qui vous ont façonné enfant,

et le regard permanent que vous avez posé sur les corps et les visages des adultes environnants, ainsi que sur celui des enfants plus âgés. Vous avez entrepris de mimer tout cela, car c'est le processus d'apprentissage normal.

Vous avez ingurgité, oisillon, tant et plus de nourriture corporelle et intellectuelle, et vous la régurgitez adulte, après l'avoir faite vôtre.

Ainsi, vous avez voulu correspondre à votre environnement, ô mimétisme si naturel. Vous avez volontairement acquis une posture, mentale et corporelle, vous l'entretenez et la maintenez, parfois vous la défendez face à de nouvelles possibilités. Vous en êtes littéralement façonné.

Ce que vous avez observé et imaginé à propos des relations humaines, de la meilleure manière d'obtenir de l'affection, cela également vous a conduit à certains comportements. Chacun a les siens : ses peurs, ses façons d'être en demande, de conduire les échanges avec les autres de manière habile et inconsciente en vue d'obtenir les meilleurs résultats.

Ce qui fonctionnait bien dans le contexte de votre enfance, de votre petite enfance, vous l'avez instinctivement adopté, porté comme vos propres couleurs, et ne sauriez plus aujourd'hui vous en départir même si cela vous desservait. À moins d'en devenir conscient.

Si vous envisagez de lâcher le contrôle, de vous abandonner à être, votre conditionnement va se défendre. Cet ensemble d'attitudes apprises mène le bal de lui-même et tend à vivre votre vie à votre place. Vous êtes alors comme un acteur qui joue toujours le même rôle, alors que vous pourriez en jouer une infinité d'autres. Vous croyez être le personnage de votre vie, alors que vous êtes celui qui le joue.

Et si vous arrêtiez de jouer ? Un véritable lâcher-prise est une attitude tellement relâchée en profondeur que vos conditionnements, bien que nécessairement présents, perdent de leur autorité.

Vous marchez mais vous ne marchez plus,
vous parlez mais vous ne parlez plus,
vous voulez mais vous ne voulez plus,
vous observez mais vous n'observez plus.

Bien sûr, vous continuez à parler votre langue, à vous habiller comme on s'habille à votre époque, mais subtilement ce qui s'en dégage est vous. Céder, accepter que la vie vous emmène là où elle ira, ne plus attendre quoi que ce soit, ne plus dépendre de la reconnaissance et de l'amour des autres, cela est le vrai lâcher-prise.

Si vous lâchez, alors vous ne savez pas ce que la vie vous réserve.
Vous marchez nu dans le vent frais, ignorant du prochain pas.
Vous volez libre comme un oiseau.

Le lâcher-prise est donc une attitude tournée vers l'intérieur, vers la confiance que vous installez intérieurement, et cette confiance est telle que vous vous abandonnez extérieurement à la vie comme un enfant sur le corps de sa mère, comme un dauphin dans l'eau, comme un singe du haut d'un arbre, vous prenez le risque de chuter, car vous savez que vous ne pouvez plus vous faire mal.

En chemin vers cette attitude qui est pure jouissance d'être, vous pouvez simplement observer le degré de contrôle qui émane de vous en permanence. À quel point vous rendez des comptes chaque instant de votre vie à ces structures qui vous façonnent.

Observez-vous penser, parler, et vous mouvoir physiquement, et regardez comme cela est contrôlé.
Écoutez les intonations de votre voix, écoutez-vous séduire.

Observez ce qui se passe en vous lorsque vous croisez un homme plus âgé, une femme plus âgée, un enfant, voyez-vous prendre la parole ou ne pas la prendre, contemplez vos craintes et vos espoirs, et tenez tout cela pour un immense carcan qui vous empêche de vivre librement, de jouir pleinement de la vie.

Pouvez-vous hurler soudain et sans raison ? Courir sur un trottoir comme un enfant puis vous arrêter net sous le regard des passants, sans la moindre justification ? Essayez voir.
Pouvez-vous déroger aux codes ? Respectez-vous les codes parce que vous les respectez, ou parce que vous ne pourriez littéralement pas y déroger ? Votre corps, votre esprit s'y refuseraient ?
Pouvez-vous manger sur le dos d'une assiette pour le plaisir ?
Vous habiller à l'envers ? Marcher à reculons ? Inverser l'ordre des plats ?

Et plus essentiellement, pourriez-vous déroger à votre anxiété ? Cesser de lui obéir ? À quel point la peur de perdre l'amour ou l'attention de vos proches vous contrôle-t-elle, vous empêche-t-elle d'être pleinement vous-même ?
Cette seule phrase ne vous fait-elle pas frémir ?

Pourtant, le relâchement est plaisir permanent, joie permanente, confiance en la vie telle qu'elle jaillit de l'intérieur de vous, et telle que vous savez qu'elle est votre alliée.

Rétablissez votre confiance envers l'existence.
Déterminez courageusement qu'être plus vrai, plus authentique, plus intuitif, plus spontané, et donc plus profondément joyeux et harmonieux, qu'arborer pleinement vos propres et subtiles couleurs, ne peut que vous attirer des circonstances favorables.
Si vous le faites, au bout du compte, vos proches vous en sauront gré, et finiront par en prendre exemple, cherchant dorénavant eux aussi à mieux respirer.

Sachez que votre âme ne peut que vous entraîner vers des chemins agréables si vous la laissez faire, si vous lui obéissez, si vous adoptez la simple attitude qui consiste à l'écouter et à obéir au flux de vie qui abonde de vous.

Soyez comme le torrent obéissant à sa propre pente, ne se refusant jamais à lui-même. Oubliez écluses et canaux, jaillissez tranquillement dans la plaine.

Fils et filles de l'abondance, offrez-vous à la vie. »

J'en viens à ne plus rien savoir,
Enfin.

Vous voilà à la fin de ce livre et…

Cette fin n'est pas une fin, car le début de ce livre n'en était pas le début, car la vie est une, et préalable à toutes formes.

L'avez-vous senti ?
Le constatez-vous maintenant en vous ?
Connectez-vous l'intime unité entre vous
et tout être, toute chose, toute forme ?

Le savourez-vous ?
Si votre regard s'est ouvert, si votre cœur s'est offert
à cette réalité subtile présente à chaque instant, et qui réunit toute chose,
alors il ne vous reste plus qu'à aimer.
Vous aimer en chaque reflet de vous que vous percevrez dans le monde.

Profitez, maintenant, car cette perception retrouvée de l'unité résout tout.
Il n'est pas de problème que cette unité ne puisse d'elle-même résoudre,
par simple dissolution du problème dans une perception plus juste
de l'existence.

Se détendre,
Laisser venir les gestes simples,
Et accueillir enfin la paix.

Mais comme c'est beau !

On a dû dire à l'arbre : « Ne bouge pas ! », et au soleil :
« Ne bouge pas ! »,
et à la mer : « Reste calme, s'il te plaît ! »,
et aux nuages : « Attendez juste un instant,
que l'on prenne la photo. »

Alors ils ont tous souri,
et voilà.

Remerciements

Infinis et éternels remerciements à Marine Guez-Vernin, Elisabeth de Garrigues, Dominique Entor Arbiol, Fabien Olicard, et la merveilleuse équipe de First : Alexandra Rousselle, Aline Sibony et Marie-Anne Jost-Kotik.

Crédits iconographiques

Shutterstock

p. 21 : Mohstor ; p. 22 : siddhesh lalsing khute ; p. 24 : Johannes Plenio ; p. 25 : ismail abdul gani ; p. 38 et 39 : ArtInDigital ; p. 42 : Ehsanaliphotographer ; p. 43 : Voortman Photography, youssef idris ; p. 51 : Ana Rodrigues 1 ; p. 59 : Tamal Roy ; p. 62 : zouhaier mbarki ; p. 63 : Johannes Plenio ; p. 74 : Johannes Plenio ; p. 80 : Johannes Plenio ; p. 82 : Nilver ; p. 85 : Ibrarahmad12 ; p. 86 : fssto ; p. 88 : al sadman ; p. 90 et 91 : canadianPhotographer56 ; p. 102 : Lachammagari ; p. 112 : Manish Dey ; p. 126 : Ack99 ; p. 128 : RamiAlshebani ; p. 139 : urbdesigning ; p. 141 : Ana Rodrigues 1 ; p. 152 : richardpcf ; p. 154 : Loke Yek Mang ; p. 157 : Roman Khomlyak ; p. 163 : ArtyExpresion ; p. 164 : QUANGTRAN, Vincent van Zalinge ; p. 168 : liang QI wen ; p. 171 : Elninho ; p. 172 : Andreas Muth-Hegener ; p. 173 : Dan017 ; p. 177 : tushar kharabe : p. 184 : LeManilo ; p. 185 : Photographer 12, jpreat ; p. 199 : Mahi Mahi ; p. 200 : metha1819

Pixabay

p. 10 : Noname ; p. 15 : Jodeng ; p. 32 : Scott Payne, Robert Balog, David Mark ; p. 34 : 12023 ; p. 42 : Bess Hamiti ; p. 44 : Angela Beauchamp, Ian Lindsay ; p. 45 : Hans ; p. 46 : Pete Linforth ; p. 58 : Johannes Plenio, Leva Nevsky Demetros ; p. 60 : David Mark ; p. 62 : Johannes Plenio ; p. 76 : David Mark ; p. 79 : Lucas Wendt ; p. 86 : JarkkoManty ; p. 87 : Stocksnap, Elmer L. Geissler : p. 98 : Maksim Kozlov ; p. 103 : JarkkoManty ; p. 104 : Artapixel ; p. 116 : Christine Sponchia ; p. 118 : ninocare ; p. 126 : Erik Stein, Evgen Rom ; p. 127 : Igor Ovsyannykov, Luis Valiente ; p. 130 : Mylène ; p. 138 : Walkerssk ; p. 139 : Simona ; p. 147 : Erwin Nowak ; p. 151 : Danie Franco ; p. 155 : Nancy McRae ; p. 157 : Patricio Gonzalez, Janusz Walczak ; p. 173 : Matthew Morse ; p. 178 : Johannes Plenio ; p. 207 : Bess Hamiti

Unsplash

p. 6 et 7 : Marek Piwnicki ; p. 20 : Neil Depuis ; p. 23 : Robert Bahn ; p. 55 : Madeleine Ragsdale ; p. 56 : Julius Drost ; p. 94 : Marek Okon ; p. 101 : Kalea Jerielle ; p. 108 : Sergey Pesterev ; p. 113 : Insta-h95i ; p. 114 : Lerone Pieters ; p. 125 : Eyasu Etsub ; p. 165 : Robert Bahn ; p. 181 : Tom Gainor ; p. 182 : Eberhard Grossgasteiger ; p. 187 : Dylann Hendricks ; p. 192 : Egor Yakushkin ; p. 197 : Maripopeo ; p. 205 : Solen Feyissa

iStock

p. 11 : budi priyanto, Tetiana Garkusha ; p. 47 : budi priyanto ; p. 81 : Tetiana Garkusha ; p. 105 : Tetiana Garkusha ; p. 117 : eestingnef ; p. 131 : budi priyanto ; p. 141 : budi priyanto ; p. 179 : Tetiana Garkusha ; p. 186 : Kevin Walker ; p. 201 : budi priyanto, Tetiana Garkusha

Wikimedia Commons

p. 70 : Mario Ho ; p. 77 : Sergey Pesterev ; p. 97 : Mark Solarski ; p. 121 : Christian Vigna ; p. 127 : Arnaud Mesureur ; p. 138 : George Hodan ; p. 166 et 167 : CC0 ; p. 191 : Gabriel Jimenez

Adobe Stock

p. 61 : Hassan